PADRE AGNALDO JOSÉ

AMIGOS INVISÍVEIS

*A presença dos anjos na Bíblia
e em nossa vida*

Dados Internacionais de Catalogação na Publicação (CIP)
(Câmara Brasileira do Livro, SP, Brasil)

José, Agnaldo
Amigos invisíveis : a presença dos anjos na Bíblia e em nossa vida / Agnaldo José. – São Paulo : Paulinas, 2019.

ISBN 978-85-356-4516-3

1. Anjos - Doutrina bíblica 2. Bíblia. A.T. 3. Experiência religiosa 4. Histórias de vida 5. Orações 6. Palavra de Deus I. Título.

19-25419   CDD-235.3

Índice para catálogo sistemático:

1. Anjos : Teologia cristã   235.3

Cibele Maria Dias - Bibliotecária - CRB-8/9427

1ª edição – 2019

Direção-geral: *Flávia Reginatto*
Editora responsável: *Andréia Schweitzer*
Copidesque: *Mônica Elaine G. S. da Costa*
Coordenação de revisão: *Marina Mendonça*
Revisão: *Sandra Sinzato*
Gerente de produção: *Felício Calegaro Neto*
Produção de arte: *Jéssica Diniz Souza*

Nenhuma parte desta obra poderá ser reproduzida ou transmitida por qualquer forma e/ou quaisquer meios (eletrônico ou mecânico, incluindo fotocópia e gravação) ou arquivada em qualquer sistema ou banco de dados sem permissão escrita da Editora. Direitos reservados.

Paulinas
Rua Dona Inácia Uchoa, 62
04110-020 – São Paulo – SP (Brasil)
Tel.: (11) 2125-3500
http://www.paulinas.com.br – editora@paulinas.com.br
Telemarketing e SAC: 0800-7010081
© Pia Sociedade Filhas de São Paulo – São Paulo, 2019

Apresentação

A existência dos anjos e arcanjos é uma verdade de fé em Deus criador das coisas visíveis e invisíveis. A Bíblia é a fonte que nos revela esta verdade de fé. Apresenta-nos os anjos como mensageiros (Lc 9,52). Até os profetas (Is 14,32) ou sacerdotes (Ml 2,7) são mensageiros que Deus envia.

O anjo é visto como providência divina ou Deus presente no meio dos homens (Ex 3,2). Mas a Bíblia, quando fala dos anjos em relação a Deus, trata-os como intermediários, mediadores da Aliança (Jz 2,1). Deus é visto rodeado de anjos (Jo 1,51), organizados numa hierarquia (1Pd 3,22). Missão especial tem os Arcanjos Miguel, Gabriel e Rafael como mensageiros de salvação em tempos fortes.

O Anjo da Guarda é o que está ao lado de cada pessoa, para protegê-la e por ela interceder, desde sua concepção até a morte (Sl 34,8). "Cada fiel tem um anjo protetor e pastor para conduzi-lo à vida" (São Basílio). O profeta Daniel também apresenta os anjos como guarda dos povos (Dn 10,13).

O Novo Testamento fala da superioridade da mediação de Cristo sobre a dos anjos (Ef 1,20-23). Eles são de Cristo (Mt 25,31). São seus, porque foram criados por e para ele (Cl 1,16). São seus, porque ele os fez mensageiros de seu projeto de Salvação: "São todos eles espíritos servidores, enviados ao serviço dos que devem herdar a salvação" (Hb 1,14).

É conhecida a oração ao Anjo da Guarda composta pelo Papa Pio VI em 1796: "Santo Anjo do Senhor, meu zeloso guardador, já que a ti me confiou a piedade divina, sempre me rege, guarda, governa e ilumina. Amém".

Dom Antonio Emidio Vilar, SDB
Bispo da Diocese de São João da Boa Vista-SP

Introdução

A sociedade contemporânea está passando por mudanças nunca vistas. A ciência se desenvolve cada vez mais e a tecnologia acelera o cotidiano. As distâncias se encurtam. As pessoas estão conectadas dia e noite. Notícias são divulgadas segundo a segundo.

Essa sociedade em constante mudança é retratada pelo sociólogo polonês Zygmunt Bauman, com a metáfora "fluidez". Mas que será isso? Os fluidos se movem facilmente. Eles fluem, esvaem-se, transbordam, vazam, inundam, borrifam, pingam, respingam. São filtrados, destilados. Portanto, "fluidez" e/ou "liquidez" dão ideia da nova fase pela qual a sociedade está passando. Os sólidos estão derretendo, o sagrado sendo profanado e o passado, destronado.

Há alguns séculos, a sociedade estava solidificada na razão instrumental, na ciência e no *homo fa-*

ber, o homem capaz de fabricar, produzir, trabalhar. Agora, no novo milênio, as relações humanas se fragilizaram, sobretudo, pela globalização. O amor, a vida, o tempo e o medo tornaram-se líquidos.

Na sociedade líquido-moderna, as realizações individuais mudam num piscar de olhos. Tudo envelhece rapidamente. A inconstância criou raízes profundas. Velocidade e não duração é o que importa. Com a velocidade certa, pode-se consumir toda a eternidade no presente, sem ter que esperar a continuação das experiências numa vida futura. O caminho é comprimir a eternidade no hoje da história, de modo a poder ajustá-la na duração de uma existência individual. A incerteza de uma vida mortal em um universo imortal foi, finalmente, resolvida: agora é possível parar de se preocupar com as coisas eternas sem perder as maravilhas da eternidade. Ao longo de uma vida mortal, pode-se extrair tudo aquilo que a eternidade poderia oferecer.

Antes do nascimento da modernidade líquida, as pessoas, em meio a sofrimentos de toda ordem, aceitavam viver nesse "vale de lágrimas", com o olhar voltado para um futuro feliz, pleno, eterno, no qual todos os seus sonhos se concretizariam. Hoje, a vida gira em torno de objetos descartáveis, do desprezo pelo "longo prazo" e pela "totalidade", e há sua substituição pelos valores da gratificação instantânea e da felicidade individual. A sociedade de consumo procura satisfazer os desejos humanos de uma forma que nenhuma sociedade do passado pôde realizar ou sonhar. As pessoas estão imersas num rio de prazer, cuja correnteza é tão veloz que elas não sabem a direção do mar.

Crescem as relações virtuais, em que homem e mulher estão conectados, mas cada qual pode deletar o outro na hora em que bem quiser. Apaixonam-se e desapaixonam-se com facilidade. O desejo dominou o amor. Quem deseja quer consumir, absorver, devorar, ingerir, digerir, aniquilar. Se, nos séculos XIX e XX, o mundo foi dominado pelo racionalismo, parece que a nova onda aponta para a fragilidade, a velocidade, a superficialidade, o esvaziamento de sentido. Aponta para as conexões, sempre mais frequentes e numerosas, e muito menos para os vínculos.

A profunda crise da civilização contemporânea é também oportunidade. Momento precioso de se reverem conceitos, de se passar a limpo o legado do passado, de se direcionarem rumos, de se experimentarem propostas de um novo mundo possível. Atrelado ao momento, o desafio. As circunstâncias prementes pedem um salto de consciência, um refinamento de qualidade na capacidade de agir e de expressar as experiências da realidade.

Nessa sociedade, onde os sólidos se tornam líquidos, onde as certezas deságuam na incerteza, na insegurança e na fragilidade, a fé tem um papel imprescindível. A Bíblia nos ensina que Jesus Cristo é o Caminho, a Verdade e a Vida. Ele é a Rocha que sustenta nossos passos e a Luz que nos ilumina.

Este livro vai ajudar você a fazer uma profunda experiência do amor e da misericórdia de Deus. Você vai compreender que, durante todos os dias de sua vida, ele esteve ao seu lado, alegrando-se com suas vitórias e carregando-o no colo nos momentos de tribulação. Vai descobrir que ele enviou os seus santos anjos todas as vezes em que você precisou de uma ajuda especial.

Nas próximas páginas, você vai descobrir, a partir da Palavra de Deus, como se deu a presença dos anjos no Antigo Testamento, na vida dos patriarcas, dos profetas, na vida de Jesus, dos apóstolos e da comunidade cristã nascente. Vai ainda conhecer um pouco de minha experiência com esses "amigos invisíveis", através das histórias da vida. E, finalmente, vai poder fortalecer sua espiritualidade com as orações dos santos e das santas da Igreja, do livro dos Salmos e da Liturgia das Horas.

Que, ao ler este livro, os anjos possam levar você até o Coração de Deus, o porto seguro onde podemos ancorar o barco da nossa vida e, assim, vencer os desafios que a sociedade líquido-moderna nos oferece todos os dias.

Os anjos, peregrinos da fé

HISTÓRIA DA BÍBLIA (Gn 18,1-14)

O livro do Gênesis narra que, um dia, Abraão estava à entrada de sua tenda, nos carvalhos de Mambré, e o Senhor foi ao seu encontro, no maior calor do dia. Abraão levantou os olhos e viu três homens de pé diante dele. Levantou-se no mesmo instante da entrada de sua tenda, foi-lhes ao encontro e prostrou-se por terra: "Meus senhores", disse ele, "se encontrei graça diante de vossos olhos, não passeis avante sem vos deterdes em casa de vosso servo. Vou buscar um pouco de água para vos lavar os pés. Descansai um pouco sob esta árvore. Eu vos trarei um pouco de pão, e assim restaurareis as vossas forças para prosseguirdes o vosso caminho; porque é para isso que passastes perto de vosso servo". Eles responderam: "Faze como disseste".

Abraão foi depressa à tenda de Sara e pediu que ela preparasse pães. Correu em seguida ao rebanho, escolheu um novilho tenro e bom, e deu-o a um criado que o preparou logo. Tomou manteiga e leite e serviu aos peregrinos juntamente com o novilho preparado, conservando-se de pé junto deles, sob a árvore, enquanto comiam.

Os homens disseram-lhe: "Onde está Sara, tua mulher?". "Ela está na tenda", respondeu ele. E um deles lhes disse: "Voltarei à tua casa dentro de um ano, a esta época; e Sara, tua mulher, terá um filho". Ora, Sara ouvia por detrás, à entrada da tenda. (Abraão e Sara eram velhos, de idade avançada, e Sara tinha já passado da idade.) Ela pôs-se a rir secretamente: "Velha como sou", disse ela consigo mesma, "conhecerei ainda o amor? E o meu senhor também é já entrado em anos". O Senhor disse a Abraão: "Por que se riu Sara, dizendo: 'Será verdade que eu teria um filho, velha como sou?'. Será isso porventura uma coisa muito difícil para o Senhor?

Em um ano, a esta época, voltarei à tua casa e Sara terá um filho".

Esta história da Bíblia revela quão grande é o amor de Deus para conosco. Somos seus filhos queridos. Por isso, ele sempre vem ao nosso encontro. A iniciativa é sempre dele de salvar, abençoar, cumular de alegria. Abraão tinha todos os motivos para perder a esperança de ter uma descendência: era velho e sua esposa, idosa e estéril. Humanamente falando, era impossível nascer um filho de um casal nessas condições. Abraão morava com Sara naquela tenda simples. Cuidava dos animais, dos servos, mas tinha algo fundamental para experimentar as maravilhas do céu: a fé, como disse São Paulo: "Esperando, contra toda a esperança, Abraão teve fé e se tornou pai de muitas nações, segundo o que lhe fora dito: 'Assim será a tua descendência'. Não vacilou na fé, embora reconhecesse o próprio corpo sem vigor – pois tinha quase cem anos – e o ventre de Sara igualmente amortecido. Ante a promessa de Deus, não vacilou, não desconfiou, mas conservou-se forte na fé e deu glória a Deus. Estava plenamente convencido de que Deus era poderoso para cumprir o que prometera. Eis por que sua fé lhe foi contada como justiça. Ora, não é só para ele que está escrito que a fé lhe foi imputada em conta de justiça. É também para nós, pois a nossa fé deve ser-nos imputada igualmente, porque cremos naquele que dos mortos ressuscitou, Jesus, nosso Senhor, o qual foi entregue por nossos pecados e ressuscitado para a nossa justificação" (Rm 4,18-25).

Para ter essa profunda experiência do Deus próximo, que caminha com as pessoas, que manifesta seu amor infinito, é preciso crer, "esperar contra toda esperança", mesmo que o horizonte esteja muito distante. Ainda que não vejamos uma saída para o sofrimento, precisamos crer firmemente nessa presença do Senhor. E isso é possível! O Verbo assumiu nossa carne. Deu sua vida no alto da cruz. Envia seus anjos para consolar, fortalecer, iluminar, proteger. Mas, para percebermos essa presença, precisamos fazer a maior das viagens, percorrer a maior das distâncias: a da cabeça ao coração. Temos de vencer a ditadura da razão, que insiste em dizer que as coisas que realmente existem são as palpáveis, visíveis, experimentáveis em laboratório, as que a ciência afirma serem reais. Contudo, os anjos somente são visíveis pela fé. Percebemos sua ação, sobretudo, nos acontecimentos de nosso cotidiano.

HISTÓRIA DA VIDA

"A alegria do Senhor seja a vossa força. Ide em paz e o Senhor vos acompanhe!" Desejando alegria e paz, assim terminei a missa numa pequena cidade de minha diocese, durante a novena de sua padroeira, Nossa Senhora das Dores. Beijei o altar, desci para abraçar as pessoas que se aproximavam de mim.

Quando todos saíram, uma jovem veio ao meu encontro: "Padre, posso lhe pedir uma coisa?". "Claro", respondi. "Você pode fazer uma oração para mim?" Percebendo sua tristeza, perguntei-lhe o que estava acontecendo. Ela abriu o coração: "Sou casada há dois anos e não consigo engravidar. Meu marido e eu já fizemos de tudo. Estou em tratamento médico, mas nada dá certo. Vejo minhas amigas com seus filhos, levando-os à escola, trazendo-os à missa, brincando com eles. Não consigo entender a minha situação. Será que Jesus não me ama, Padre? Sou uma mulher que tenho ótima condição financeira. Meu marido e eu temos uma casa enorme, com piscina, muitos quartos, grande até demais. Para que serve tudo isso, se não posso realizar o meu maior sonho?".

Calei-me por alguns segundos, olhando aquela jovem. Em minha memória, vieram os momentos de sofrimento de Abraão e Sara; de Ana, mãe do profeta Samuel; de Isabel e Zacarias, pais de João Batista; de Ana e Joaquim, pais de Nossa Senhora. Contei-lhe essas histórias, chamando-a à fé na misericórdia de Deus. Estendi minhas mãos e coloquei-as sobre sua cabeça: "Você crê naquilo que o Arcanjo Gabriel disse a Maria, em Nazaré? Que para Deus nada é impossível?". Ela respondeu: "Eu creio". Naquele momento, senti em meu coração que o céu se abria. Uma chuva de bênçãos estava sendo derramada sobre ela, misturando-se às suas lágrimas.

O tempo passou. Fui convidado para um café na casa de uma família em minha paróquia. Cheguei por volta das quatro da tarde. Para minha surpresa, aquela jovem, que recebera minhas orações, estava lá. Era amiga da família que me recebia. Perguntei-lhe se estava bem. "Sim, Padre! Estou vivendo o momento mais feliz de minha vida", respondeu, apontando para a porta da cozinha. Meus olhos se encheram de lágrimas ao ver seu esposo segurando um bebê. Ela continuou: "Deus ouviu nossas orações e nos deu a Gabriela de presente. Está com um mês, Padre Agnaldo. Escolhemos esse nome para homenagear o Arcanjo São Gabriel, que intercedeu por nós". A emoção foi tão grande que não consegui pronunciar nenhuma palavra. Aproximei-me da criança e pedi para segurá-la nos braços. Agradeci a intercessão dos santos anjos e a Jesus por ter realizado aquele milagre na vida daquela família.

Os anjos estão vivos! O que aconteceu com Abraão e Sara, sua esposa, continua acontecendo até hoje. Basta que tenhamos e vivamos a fé em Jesus Cristo.

Oração

Sl 22

O Senhor é meu pastor, nada me faltará.
Em verdes prados ele me faz repousar.
Conduz-me junto às águas refrescantes,
Restaura as forças de minha alma.
Pelos caminhos retos ele me leva, por amor do seu nome.

Ainda que eu atravesse o vale escuro,
Nada temerei, pois ele está comigo.
Seu bordão e seu báculo são o meu amparo.

Prepara para mim a mesa, à vista de meus inimigos.
Derrama o perfume sobre minha cabeça,
E transborda minha taça.

A sua bondade e misericórdia
Hão de seguir-me por todos os dias de minha vida.
E habitarei na casa do Senhor por longos dias.

OS ANJOS, PEREGRINOS DA FÉ

Os anjos, socorro nas aflições

HISTÓRIA DA BÍBLIA (Gn 21,1-20)

O primeiro livro da Bíblia diz que o Senhor visitou Sara, como ele tinha dito, e cumpriu em seu favor o que havia prometido. Sara concebeu e, apesar de sua velhice, deu à luz um filho a Abraão, no tempo fixado por Deus. Abraão pôs o nome de Isaac ao filho que lhe nascera de Sara. E, passados oito dias do seu nascimento, circuncidou-o, como Deus lhe tinha ordenado. Abraão tinha cem anos, quando nasceu o seu filho Isaac.

O menino cresceu e foi desmamado. No dia em que foi desmamado, Abraão fez uma grande festa. Reuniu todos os seus amigos e comemorou o grande milagre que havia recebido de Deus. Tudo parecia bem, em paz, pois Sara havia realizado seu maior sonho. Mas o ciúme invadiu o coração da mulher de Abraão. Ela viu que o filho de Abraão nascido de Agar, a egípcia, escarnecia de seu filho Isaac, e disse-lhe: "Expulsa esta escrava com o seu filho, porque o filho desta escrava não será herdeiro com meu filho Isaac". Isso desagradou muitíssimo a Abraão, por causa de seu filho Ismael. Mas Deus disse-lhe: "Não te preocupes com o menino e com a tua escrava. Faze tudo o que Sara te pedir, pois é de Isaac que nascerá a posteridade que terá o teu nome. Mas do filho da escrava também farei um grande povo, por ser de tua raça".

No dia seguinte, pela manhã, Abraão tomou pão e um odre de água e deu-os a Agar, colocando-os às suas costas, e despediu-a com seu filho. Ela partiu, errando pelo deserto de Bersabeia. Acabada a água do odre, deixou o menino sob um arbusto e foi assentar-se em frente, à distância de um tiro de flecha, "porque", dizia ela, "não quero ver morrer o menino". Ela assentou-se, pois, em frente e pôs-se a chorar. Deus ouviu a voz do menino, e o anjo de

Deus chamou Agar, do céu, dizendo-lhe: "Que tens, Agar? Nada temas, porque Deus ouviu a voz do menino do lugar onde está. Levanta-te, toma o menino e tem-no pela mão, porque farei dele uma grande nação". Deus abriu-lhe os olhos, e ela viu um poço, onde foi encher o odre, e deu de beber ao menino. Deus esteve com este menino. Ele cresceu, habitou no deserto e tornou-se um hábil flecheiro.

Esta passagem da Escritura mostra o sofrimento de Abraão, Agar, Ismael, e a dureza do coração de Sara. Quantas vezes Deus socorre, protege, abençoa ou realiza o impossível na vida das pessoas e elas continuam egoístas e soberbas! Antes de conceber Isaac, Sara tratava bem sua escrava. Até aceitava o filho que ela havia dado a Abraão, seu esposo. Contudo, depois de dar à luz seu próprio filho, tudo foi ficando diferente. Não dá para entender certas coisas que acontecem! Em vez de maltratar a escrava e o menino, Sara deveria, por gratidão a Deus pelo

OS ANJOS, SOCORRO NAS AFLIÇÕES

milagre recebido, agir com mais respeito ainda e um amor muito maior com a mulher que cuidava da casa e de todos eles. Mas não! Ao contrário, voltou-se contra Agar e Ismael, trazendo muita tristeza ao coração de Abraão, manifestando ela ter ainda um coração de pedra, apesar de tantas bênçãos.

Hoje, isso acontece nas comunidades. Quantas pessoas procuram a Igreja nas horas de dor, perda, sofrimento, aflições, e são atendidas pelos padres e agentes de pastoral, experimentando a misericórdia de Jesus! Todavia, pouco tempo depois, vão embora, não voltam mais, viram as costas àqueles que lhes estenderam as mãos. Sara agiu desse modo, humilhando, desprezando, excluindo. Entretanto, para alegria de todos, Deus não age assim! Jamais humilha, despreza ou exclui. Está sempre junto de cada um de nós. Envia seus anjos para nos socorrer quando estamos perdidos e abandonados no deserto. Ele fez assim com Agar e Ismael, jogados à própria sorte, com sede e fome. Enviou seu anjo, que os conduziu à fonte de água.

Os santos anjos são mensageiros divinos. Caminham com os homens, conduzindo-os, também, à fonte da Água Viva. Quem bebe dessa Água nunca mais tem sede. Se estivermos em comunhão com o Senhor, estaremos sempre sob sua proteção. Ele será grande, imenso, infinito em nossas vidas. Descobriremos quão pequenos e insignificantes somos aos olhos do mundo, mas como somos valiosos ante seus olhos misericordiosos.

HISTÓRIA DA VIDA

Certa vez, deixei meu carro no estacionamento do Aeroporto Internacional de Viracopos, em Campinas, São Paulo, e caminhei até o saguão. Fiz o *check-in* e despachei minha mala. Meu destino? A cidade de Pesqueira, no agreste pernambucano. Participaria da abertura das festividades da Imaculada Conceição, no convento dos frades franciscanos. Estava feliz e ansioso por realizar mais uma missão. Olhei no relógio: nove horas. O embarque seria às dez. Subi pela escada rolante até o local onde há uma vista panorâmica de pousos e decolagens. Vários aviões estavam na pista. Minha memória me fez voltar no tempo. Lembrei-me de uma história que meu avô, Joaquim, me contara quando eu era criança: "Um pai e seu filho pequeno caminhavam por uma estrada. Conversavam. Brincavam. Corriam. Cultivavam laços afetivos. O menino perguntou: 'Pai, qual é o tamanho de Deus?'. Depois de uns minutos pensando, o homem olhou para o alto e viu um avião, cortando as nuvens. 'Você está vendo aquele avião?' O menino fixou o olhar no céu: 'Sim. Está deixando um rastro de fumaça para trás'. 'Qual é o tamanho dele, filho?' Ele respondeu rápido: 'Bem pequeno, pai. Quase não dá para a gente ver'. Os dias passaram e o homem foi levar um de seus amigos ao aeroporto. Chamou o filho para ir junto. Ele acompanhou cada passo do seu pai até que chegaram ao local da vista panorâmica da pista e dos aviões. Ali, abraçados, o pai repetiu a pergunta que seu filho lhe fizera, naquele dia, pelo caminho, apontando para um avião de cor azul: 'Qual é o tamanho daquele avião?'. O menino estava entusiasmado: 'Enorme! Que lindo! Olhe as asas! Pareço uma formiguinha perto dele'. O pai, com carinho, acariciou os cabelos do menino e disse: 'Sabe, filho, Deus é como o avião. O seu tamanho depende da distância que estamos dele. Se estamos longe, ele é muito pequeno para nós, quase não o enxergamos. Mas, se estamos perto, ele é enorme, grande, infinitamente maior que a gente. Que você fique sempre perto de Deus, para que ele seja grande na sua vida!'".

Que saudade do avô Joaquim, de seu carinho e de suas histórias! Naquele local especial do aeroporto, fiquei pensando em Deus. Quantas vezes me afastei de sua presença. Não permaneci debaixo de suas asas. Ainda bem que voltei para perto de seu coração e ele me acolheu. Hoje, posso dizer que ele é grande para mim. Imenso, infinito amor!

Qual a distância que existe entre sua vida e Jesus Cristo? Onde está Jesus, os anjos se fazem presentes. Eles amam Jesus, seu Senhor. E você?

O *Catecismo da Igreja Católica* ensina que crer em Deus, o Único, e amá-lo com todo o seu ser tem consequências imensas para toda a vida. Significa conhecer a grandeza e majestade dele, viver em ação de graças, usar corretamente as coisas criadas e confiar nele em qualquer circunstância, mesmo na adversidade (cf. CIC, nn. 222-227).

São Nicolau, padroeiro da Suíça, ensina uma oração para ser rezada todos os dias: "Meu Senhor e meu Deus, tirai-me tudo o que me afasta de vós! Meu Senhor e meu Deus, dai-me tudo o que me aproxima de vós!".

Oração

Sl 33,2-11

Bendirei continuamente ao Senhor,
Seu louvor não deixará meus lábios.
Glorie-se a minha alma no Senhor;
Ouçam-me os humildes, e se alegrem.
Glorifiquem comigo ao Senhor,
Juntos exaltemos o seu nome.
Procurei o Senhor e ele me atendeu,
Livrou-me de todos os temores.

Olhem para ele a fim de se alegrarem,
E não se cubra de vergonha o seu rosto.
Vejam, este miserável clamou e o Senhor o ouviu,
De todas as angústias o livrou.

O anjo do Senhor acampa
Em redor dos que o temem, e os salva.
Provem e vejam como o Senhor é bom,
Feliz o homem que se refugia junto dele.

Reverenciem o Senhor, vocês, seus fiéis,
Porque nada falta àqueles que o temem.
Os poderosos empobrecem e passam fome,
Mas aos que buscam o Senhor nada lhes falta.

OS ANJOS, SOCORRO NAS AFLIÇÕES

Os anjos, auxílio nas provações

HISTÓRIA DA BÍBLIA (Gn 22,1-18)

Abraão se alegrava com o maior presente que havia recebido de Deus: seu filho Isaac. Mas era preciso que ele passasse por uma dura provação, narrada no livro do Gênesis.

Numa manhã, Deus chamou Abraão e pediu que ele tomasse seu filho único, Isaac, a quem tanto amava, e fosse à terra de Moriá, onde o ofereceria em holocausto sobre um monte que iria lhe indicar.

No dia seguinte, pela manhã, Abraão selou o seu jumento. Tomou consigo dois servos e Isaac, seu filho, e, tendo cortado a lenha para o holocausto, partiu para o lugar que Deus lhe tinha indicado.

Ao terceiro dia, levantando os olhos, viu o lugar de longe. "Ficai aqui com o jumento", disse ele aos seus servos; "eu e o menino vamos até lá mais adiante para adorar, e depois voltaremos a vós". Abraão tomou a lenha do holocausto e a pôs nos ombros de seu filho Isaac, levando ele mesmo nas mãos o fogo e a faca. E, enquanto os dois iam caminhando juntos, Isaac disse ao seu pai: "Temos aqui o fogo e a lenha, mas onde está a ovelha para o holocausto?". Abraão respondeu que Deus providenciaria uma ovelha para o holocausto. E ambos, juntos, continuaram o seu caminho. Quando chegaram ao lugar indicado por Deus, Abraão edificou um altar; colocou nele a lenha, amarrou Isaac, seu filho, e o pôs sobre o altar em cima da lenha. Depois, estendendo a mão, tomou a faca para imolar o seu filho. O anjo do Senhor, porém, gritou-lhe do céu: "Abraão! Abraão! Não estendas a tua mão contra o menino e não lhe faças nada. Agora eu sei que temes a Deus, pois não me recusaste teu próprio filho, teu filho único". Abraão, levantando os olhos, viu atrás dele um cordeiro preso pelos chifres entre os espinhos;

e, tomando-o, ofereceu-o em holocausto em lugar de seu filho.

Pela segunda vez, chamou o anjo do Senhor a Abraão, do céu, e disse-lhe: "Juro por mim mesmo", diz o Senhor, "pois que fizeste isto, e não me recusaste teu filho, teu filho único, eu te abençoarei. Multiplicarei a tua posteridade como as estrelas do céu e como a areia na praia do mar. Ela possuirá a porta dos teus inimigos, e todas as nações da terra desejarão ser benditas como ela, porque obedeceste à minha voz".

Abraão teve que passar por uma prova muito difícil. Como entender os propósitos divinos? Aquele que lhe dera o maior tesouro da vida, seu filho, fruto de um grande milagre, agora lhe pede que o sacrifique! Por que Deus exige isso de seu servo? É que o Senhor tinha um plano infinitamente maior para Abraão. O menino Isaac era apenas o primeiro sinal de seu grande amor. Abraão fora escolhido para ser pai de um povo, do povo de Deus, mais numeroso que as estrelas do céu e as areias da praia do mar. Isaac era uma pequena estrela e um grãozinho de areia diante do que Deus reservava para Abraão. Mas este estava se contentando com a pequena estrela e com o grãozinho de areia. Abraão estava tão encantado com Isaac que havia colocado sua missão em segundo plano. Passava horas para lá e para cá, brincando com seu filho, esquecendo-se do essencial, do chamado que havia recebido. Uma provação era necessária. Deus não queria a morte de Isaac, pois ele é a Vida. Contudo, Abraão precisaria voltar seu coração totalmente àquilo para o qual tinha sido chamado por Deus. E ele passou na prova! Levando seu filho para o alto do monte e empunhando a faca para sacrificá-lo, manifestou sua fidelidade às palavras do Senhor. Com esse gesto dificílimo, mostrou ter uma fé incondicional. Naquele instante dramático, o Anjo do Senhor estava ali. Acompanhou-o passo a passo. Agiu, segurando sua mão, não permitindo que tirasse a vida de Isaac.

Isso acontece também conosco. Jesus realiza grandes maravilhas na nossa vida. Quantas vezes ele já escutou nossas orações! Mas, como Abraão, ficamos tão deslumbrados com a graça recebida que nos esquecemos do essencial: o seguimento de Jesus. Muito mais que uma graça ou mesmo um milagre, Jesus Cristo quer nos salvar. O plano que ele tem é infinitamente superior ao que pensamos ou pedimos. Os pequenos presentes que recebemos de Deus são apenas grãos de areia diante do que ele quer nos oferecer no céu. Mas, como vivemos mendigando amor, atenção, carinho, contentamo-nos com um pequeno pedaço de pão, quando, na verdade, o Pai prepara um grande banquete para nos acolher em sua casa!

HISTÓRIA DA VIDA

Os especialistas em aviação dizem que o avião é o meio de transporte mais seguro que existe. Entretanto, quando surge este assunto numa roda de conversa, as pessoas dizem: "O avião pode até ser mais seguro, mas quando cai não sobra nada!".

Quando voei pela primeira vez, sentei-me ao lado de um homem que, de tanto medo, lia o jornal de ponta-cabeça. Mas eu, depois de muitas experiências acima das nuvens, sinto-me bem mais tranquilo. Ao entrar num avião, ajeito-me na poltrona, aperto o cinto e fico observando o movimento das pessoas. Quando a decolagem começa, fecho os olhos, início uma oração e imagino todo o meu ser voando nas asas de Deus.

Lá, nas alturas, já enfrentei várias turbulências; todavia, nunca senti minha vida por um fio como numa viagem a Palmas, capital do Tocantins. Fui convidado para um evento chamado *Adorai*, que reúne católicos de várias cidades para um dia em adoração ao Santíssimo Sacramento. Saí do Aeroporto de Congonhas, São Paulo. A chegada estava prevista para 12h20, depois de uma escala em Brasília. O voo transcorria normalmente e o comandante disse: "Atenção, tripulação! Pouso autorizado. São doze horas em Palmas e a temperatura é de 30 graus".

O avião foi descendo. Comecei a ver as casas, as árvores, o movimento dos carros nas avenidas. De repente, ele começou a balançar muito forte. Uma tempestade caía sobre a cidade. Uma jovem mãe, sentada à minha frente, segurava seu bebê junto ao coração. As comissárias de bordo pareciam apreensivas. Em segundos, o medo da morte me invadiu, pois o avião chacoalhava descontrolado no ar. Comecei a rezar: "Jesus, ajuda-nos! Se for para acontecer o pior, toca o coração do comandante para que ele desista do pouso. Por favor, Jesus! Somos muitos aqui, necessitados de sua ajuda. Envie seus santos anjos para nos protegerem nesta tempestade". Quando terminei a última palavra, olhei para a janela e percebi que Deus estava ouvindo meu clamor. O avião começou a subir.

O comandante explicou: "Está caindo uma chuva muito forte. Vamos voltar para Brasília, reabasteceremos e aguardaremos notícias". A reação dos passageiros foi imediata. Uns concordavam com a decisão do piloto, outros murmuravam. Eu, porém, fiquei em silêncio. Apenas, agradecia: "Obrigado, Jesus! Obrigado, santos anjos de Deus!".

Voltamos para a capital do Brasil. No momento oportuno, depois de sete horas dentro do avião, chegamos a Palmas. Passado o susto, lembrei-me de uma pequena história que ouvira certa vez: "Um avião estava nas alturas e enfrentava grande turbulência. Os passageiros, desesperados, choravam, gritavam, abraçavam-se. Dentre eles, havia um menino que, tranquilamente, dormia numa das poltronas. Ele acordou com aquele alvoroço, mas mantinha-se calmo e com brilho nos olhos. Um homem perguntou-lhe: 'Você não está com medo? O avião está cai não cai!'. O menino respondeu: 'Por que eu deveria ter medo? O comandante desse avião é meu pai. Confio nele. Não vai acontecer nada de mau com a gente'".

Todos enfrentamos turbulências, tempestades, medos e incertezas na caminhada neste mundo. Passamos por provações. Tenhamos fé, a exemplo de Abraão. Procuremos refúgio nas asas de Deus. Ele é nosso Pai, o comandante da aeronave da vida de seus filhos.

Oração

SANTA CATARINA DE SENA

Trindade eterna, vós sois um mar profundo,
No qual, quanto mais procuro, mais encontro.
E quanto mais encontro, mais procuro.
Vós nos saciais de maneira completa,
Pois, no vosso abismo, saciais a alma de tal sorte
Que ela fica sempre com mais fome de vós.
Que podereis dar-me mais de vós mesmo?

Sois o Fogo que queima sempre
E nunca se consome.
Sois o Fogo que consome no vosso ardor
Todo amor-próprio da alma.
Sois o Fogo que tira todo frio,
Que ilumina todas as inteligências
E, pela vossa luz, me fizestes conhecer a verdade.
Dais ao olho humano
Luz sobrenatural em grande abundância e perfeição,
E iluminais a própria luz da fé.
É nessa fé que minha alma tem vida.
Na luz da fé adquiro a sabedoria,
Na sabedoria do vosso Filho único.
Na luz da fé, torno-me forte e constante persevero.
Na luz da fé, espero que não me deixareis sucumbir no caminho.

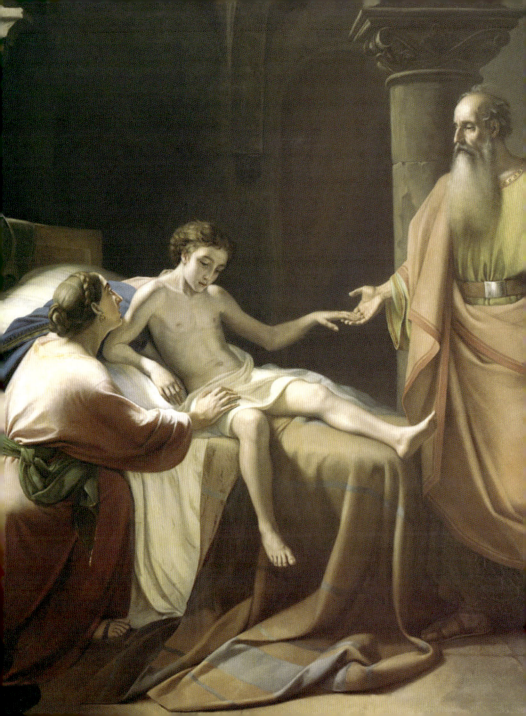

Os anjos, guerreiros invisíveis

HISTÓRIA DA BÍBLIA (2Rs 6,1-17)

O segundo livro dos Reis, no Antigo Testamento, faz uma importante revelação da presença invisível dos anjos, lutando em favor do profeta Eliseu e do povo de Israel.

Os filhos dos profetas disseram ao profeta Eliseu que o lugar em que moravam tornara-se estreito demais para eles. Pediram para ir até o Jordão. Tomariam de lá, cada um, uma viga e construiriam ali uma sala em que habitariam. Eliseu concordou e partiu com eles. Chegados ao Jordão, puseram-se a cortar madeira. Ora, estando um deles a cortar uma árvore, eis que o seu machado caiu na água. "Ah, meu senhor!", exclamou ele. Porque o machado era emprestado. "Onde caiu ele?", perguntou o homem

AMIGOS INVISÍVEIS

de Deus. Ele mostrou-lhe o lugar. Eliseu cortou um pedaço de madeira, jogou-o na água, e o machado veio à tona. "Tira-o", disse ele. O homem estendeu a mão e tomou-o.

O rei da Síria, que estava em guerra contra Israel, convocou seus servos e disse-lhes: "Em tal e tal lugar estará o meu acampamento". O homem de Deus, então, mandou dizer ao rei de Israel: "Guarda-te de passar por tal lugar, porque os sírios estão ali". O rei de Israel mandou homens ao lugar indicado pelo homem de Deus em sua mensagem. E o rei acautelou-se não apenas uma ou duas vezes. O rei da Síria, alvoroçado por causa disso, chamou seus servos e disse-lhes: "Não me descobrireis quem dos nossos nos traiu junto do rei de Israel?". "Não foi ninguém, ó rei, meu senhor", respondeu um deles; "é o profeta Eliseu quem conta ao rei de Israel os planos que fazes em teu quarto de dormir". "Ide", disse o rei, "e vede onde ele está, para que eu o mande prender". Disseram ao rei: "Ele está agora em Dotã". O rei enviou ali cavalos, carros e uma companhia importante; chegaram à noite e cercaram o lugar.

Na manhã seguinte, o homem de Deus, saindo, viu o exército que cercava a cidade com cavalos e carros. Seu servo disse-lhe: "Ai, meu senhor! Que vamos fazer agora?". "Não temas", respondeu Eliseu; "os que estão conosco são mais numerosos do que os que estão com eles". Orou Eliseu e disse: "Senhor, abri-lhe os olhos, para que veja". O Senhor abriu os olhos do servo, e este viu o monte cheio de cavalos e carros de fogo ao redor de Eliseu.

Na caminhada com Jesus, muitas vezes existe o medo. Os desafios que estão à nossa frente quase sempre são maiores que as nossas forças. Quando os problemas atingem a família, o trabalho, a vida social ou o próprio coração, pensamos que não conseguiremos vencê-los. Em muitas situações, realmente, sentimo-nos sós. Até perguntamos: "Onde está Deus? Será que ele me abandonou?".

Nessas horas terríveis, quando as lágrimas tiram dos olhos a luz do amanhecer; as aves voam para longe e o sol não aparece; os rios secam suas águas;

o frio na escuridão da noite não nos deixa sonhar; a tempestade atinge o nosso barco, navegando pelo mar, pensamos ser o fim de tudo! Mas, através da Palavra de Deus, sabemos que estamos acompanhados pelos santos anjos nessa batalha com gigantes. Como disse Eliseu: "Os que estão conosco são mais numerosos do que os que estão com eles".

Os anjos estão sobre seus cavalos e em carros de fogo ao nosso redor. No entanto, é difícil enxergá-los! Satanás e seus anjos maus colocam óculos de sol em nossos olhos para não vermos a presença de Deus e de seus anjos junto a nós. Esses óculos, extremamente escuros, são os pecados, que não nos deixam ver além das aparências. Devemos ficar atentos, pois as coisas passageiras, finitas, insignificantes querem nos afastar do Senhor. Basta um momento de desatenção e voltamos à estaca zero. A distância da graça ao pecado é muito pequena. Agora você está brilhando como o sol; mais tarde, se não vigiar, estará mais escuro que uma noite sem lua.

HISTÓRIA DA VIDA

Há pouco tempo, saí de casa para ir a São Paulo, em um ônibus interestadual que passa por minha cidade. Depois de duas horas de viagem, ele parou em uma lanchonete, à beira da estrada. "Quem quiser descer, temos quinze minutos", avisou o motorista. Pedi um café e um pão de queijo. Observei os atendentes rindo de um fato que acontecera dias atrás: um jovem pegara um ônibus em Poços de Caldas, Minas Gerais, com destino a São Paulo. E, como de costume, o motorista parou ali. Em seguida estacionou outro da mesma empresa que fazia o destino São Paulo a Poços de Caldas. Pareciam irmãos gêmeos. Era por volta das cinco da manhã. O jovem saiu da lanchonete apressado, subiu no veículo e seguiu viagem, dormindo tranquilamente. Chegaram à rodoviária. Ele desceu e achou algo estranho: não parecia a rodoviária da capital paulista. Perguntou, então, a um homem que trabalhava no local: "Por favor, onde é a saída para o metrô?". O homem sorriu: "Aqui em Poços de Caldas, que eu saiba, não tem

OS ANJOS, GUERREIROS INVISÍVEIS

metrô não, moço!". Naquele momento, o jovem caiu em si. Havia entrado no ônibus errado.

Quantas vezes isso acontece! As pessoas deixam-se seduzir pelo mundo e se afastam de Deus. Entram em ônibus errados e não saem do lugar na vida espiritual. Ainda bem que podemos contar com a misericórdia de Jesus e dos amigos celestes: os anjos. Eles não nos abandonam um segundo sequer. Se estivermos em plena comunhão com Jesus, jamais pegaremos ou entraremos num ônibus errado, voltando sempre para o mesmo lugar de onde saímos.

Oração

SÃO PADRE PIO DE PIETRELCINA

Fica, Senhor, comigo,
Pois preciso da tua presença para não te esquecer.
Sabes quão facilmente posso te abandonar.

Fica, Senhor, comigo,
Porque sou fraco e preciso da tua força para não cair.
Fica, Senhor, comigo,
Porque és minha vida, e sem ti perco o fervor.
Fica, Senhor, comigo,
Porque és minha luz, e sem ti reina a escuridão.
Fica, Senhor, comigo,
Para me mostrar tua vontade.

Fica, Senhor, comigo,
Para que ouça tua voz e te siga.
Fica, Senhor, comigo,
Pois desejo amar-te e permanecer sempre em tua companhia.
Fica, Senhor, comigo,
Se queres que te seja fiel.

AMIGOS INVISÍVEIS

Fica, Senhor, comigo,
Porque, por mais pobre que seja minha alma,
Quero que se transforme num lugar de consolação para ti,
Um ninho de amor.

Fica comigo, Jesus,
Pois se faz tarde e o dia chega ao fim.
A vida passa,
E a morte, o julgamento e a eternidade se aproximam.
Preciso de ti para renovar minhas energias
E não parar no caminho.
Está ficando tarde,
A morte avança e eu tenho medo da escuridão,
Das tentações, da falta de fé, da cruz, das tristezas.
Oh, quanto preciso de ti, meu Jesus, nesta noite de exílio!

Fica comigo, nesta noite, Jesus,
Pois ao longo da vida, com todos os seus perigos,
Eu preciso de ti.
Faze, Senhor, que te reconheça
Como te reconheceram teus discípulos, ao partir do pão,
A fim de que a Comunhão Eucarística
Seja a luz a dissipar a escuridão,
A força a me sustentar,
A única alegria do meu coração.

Fica comigo, Senhor,
Porque, na hora da morte, quero estar unido a ti,
Se não pela Comunhão, ao menos pela graça e pelo amor.
Fica comigo, Jesus.
Não peço consolações divinas, porque não as mereço,
Mas apenas o presente da tua presença.
Ah, isso sim te suplico!

Fica, Senhor, comigo,
Pois é só a ti que procuro:
Teu amor, tua graça, tua vontade, teu coração, teu Espírito,
Porque te amo, e a única recompensa que te peço
É poder amar-te sempre mais.
Com este amor resoluto,
Desejo amar-te de todo o coração enquanto estiver na terra,
Para continuar a te amar, perfeitamente, por toda a eternidade.
Amém.

Os anjos, protetores dos jovens

HISTÓRIA DA BÍBLIA (Dn 3,1-56.88-97)

No livro do profeta Daniel, temos uma linda história de fé e perseverança de três jovens judeus e do anjo enviado por Deus para protegê-los.

O povo de Deus havia sido levado como escravo para a Babilônia, cujo rei era Nabucodonosor. Ele fez uma estátua de ouro e erigiu-a na planície de Dura. Depois convidou todas as autoridades das províncias a comparecerem à inauguração, diante da qual todos permaneceram de pé. Então foi feita por um arauto a seguinte proclamação: "Povos, nações, gentes de todas as línguas, eis o que se traz a vosso conhecimento: no momento em que ouvirdes o som da trombeta, da flauta, da cítara, da lira, da harpa, da cornamusa e de toda espécie de instrumentos de música, vós vos prostrareis em adoração diante da estátua de ouro ereta pelo rei Nabucodonosor. Quem não se prostrar para adorá-la será precipitado sem demora na fornalha ardente!". Assim, logo que as pessoas ouviram o som da trombeta, da flauta, da cítara, da lira, da harpa, da cornamusa e de toda espécie de instrumentos de música, prosternaram-se todos, povos, nações e gentes de todas as línguas, em adoração diante da estátua de ouro.

Nesse mesmo momento, alguns caldeus aproximaram-se para caluniar os judeus. Dirigiram-se ao rei Nabucodonosor: "Senhor", disseram, "longa vida ao rei! Tu mesmo, ó rei, proclamaste por edital que qualquer homem que ouvisse o som da trombeta, da flauta, da cítara, da lira, da harpa, da cornamusa e de toda espécie de instrumentos de música teria de prostrar-se em adoração diante da estátua de ouro, e quem se recusasse seria precipitado na fornalha ardente. Pois bem, há aí alguns judeus, a quem confiaste a administração da província de Babilônia,

Sidrac, Misac e Abdênago, os quais não tomaram conhecimento do teu edito, ó rei: não rendem culto algum a teus deuses e não adoram a estátua que erigiste".

Nabucodonosor, dominado por uma cólera violenta, ordenou o comparecimento dos jovens, os quais foram imediatamente trazidos à presença do rei. Nabucodonosor disse-lhes: "É verdade que recusais o culto a meus deuses e a adoração à estátua de ouro que erigi? Pois bem, estais prontos, no momento em que ouvirdes o som da trombeta, da flauta, da cítara, da lira, da harpa, da cornamusa e de toda espécie de instrumentos de música, a vos prostrardes em adoração diante da estátua que eu fiz? Se não o fizerdes, sereis precipitados de relance na fornalha ardente; e qual é o deus que poderia livrar-vos de minha mão?".

Os jovens responderam ao rei Nabucodonosor: "De nada vale responder-te a esse respeito. Se assim deve ser, o Deus a quem nós servimos pode nos livrar da fornalha ardente e mesmo, ó rei, de tua mão. E mesmo que não o fizesse, saibas, ó rei, que nós não renderemos culto algum a teus deuses e que nós não adoraremos a estátua de ouro que erigiste".

Então, a fúria de Nabucodonosor desencadeou-se contra Sidrac, Misac e Abdênago; os traços de seu rosto alteraram-se e ele elevou a voz para ordenar que se aquecesse a fornalha sete vezes mais que de costume. Depois deu ordem aos soldados mais vigorosos de suas tropas para amarrá-los e jogá-los na fornalha ardente. Esses homens foram então imediatamente amarrados com suas túnicas, vestes, mantos e suas outras roupas, e jogados na fornalha ardente. Mas os homens que, por ordem urgente do rei, tinham superaquecido a fornalha e lá jogado os três jovens judeus, foram mortos pelas chamas, no momento em que eram precipitados na fornalha os três jovens amarrados.

Ora, estes passeavam dentro das chamas, louvando a Deus e bendizendo o Senhor. Azarias, em pé bem no meio do fogo, fez a seguinte oração: "Sede bendito e louvado, Senhor, Deus de nossos pais! Que vosso nome seja glorioso pelos séculos! Vós sois justo em todo o vosso proceder; vossas obras são justas, vossos caminhos são retos, vossos julgamentos são equitativos. Exercestes um julgamento equitativo em tudo aquilo que nos infligistes e em tudo aquilo que infligistes à cidade santa de nossos pais, Jerusalém; foi em consequência de um julgamento equitativo que vós nos infligistes tudo isso por causa de nossos pecados. Pecamos, erramos afastando-nos de vós; em tudo agimos mal. Não obedecemos a vossos preceitos, não os pusemos em prática, não observamos as leis que nos destes para nossa felicidade. Em todos os males que enviastes sobre nós, em tudo que nos infligistes, foi um justo julgamento que exercestes, entregando-nos nas mãos de inimigos injustos, de ímpios enfurecidos, às mãos de um rei, o mais iníquo e o mais perverso de toda a terra. Agora não ousamos nem mesmo abrir a boca: vergonha e ignomínia para vossos servos e a nós que vos adoramos. Pelo amor de vosso nome, não nos abandoneis para sempre; não destruais de modo algum vossa aliança. Não nos retireis vossa misericórdia em consideração a Abraão, vosso amigo, Isaac, vosso servo, Israel, vosso santo, aos quais prometestes multiplicar sua

ANJOS INVISÍVEIS

descendência como as estrelas do céu e a areia que se encontra à beira do mar. Senhor, fomos reduzidos a nada diante das nações, fomos humilhados diante de toda a terra: tudo, devido a nossos pecados! Hoje, já não há príncipe, nem profeta, nem chefe, nem holocausto, nem sacrifício, nem oblação, nem incenso, nem mesmo um lugar para vos oferecer nossas primícias e encontrar misericórdia. Entretanto, que a contrição de nosso coração e a humilhação de nosso espírito nos permita achar bom acolhimento junto a vós, Senhor, como se nós nos apresentássemos com um holocausto de carneiros, de touros e milhares de gordos cordeiros! Que assim possa ser hoje o nosso sacrifício em vossa presença! Que possa reconciliar-nos convosco, porque nenhuma confusão existe para aqueles que põem em vós sua confiança. É de todo nosso coração que nós vos seguimos agora, que nós vos reverenciamos, que buscamos vossa face. Não nos confundais; tratai-nos com vossa habitual doçura e com todas as riquezas de vossa misericórdia. Ponde em execução vossos prodígios para nos salvar, Senhor, e cobri vosso nome de glória. Que sejam então confundidos aqueles que maltratam vossos servos, que eles sofram a vergonha de ver a ruína de seu poderio e o aniquilamento de sua força. Assim, saberão que sois o Senhor, o Deus único e glorioso sobre toda a superfície da terra".

Enquanto isso, os homens do rei, que os haviam lá jogado, não cessavam de alimentar a fornalha com nafta, estopa, resina e lenha seca. Então, as chamas, subindo a quarenta e nove côvados acima da fornalha, ultrapassaram a grade e queimaram os caldeus que se achavam perto. Mas o anjo do Senhor havia descido com Azarias e seus companheiros à fornalha e afastava o fogo. Fez do centro da fogueira como um lugar onde soprasse uma brisa matinal: o fogo nem mesmo os tocava, nem lhes fazia mal algum, nem lhes causava a menor dor. Então, os três jovens elevaram suas vozes, em uníssono, para louvar, glorificar e bendizer a Deus dentro da fornalha, neste cântico: "Sede bendito, Senhor Deus de nossos pais, digno de louvor e de eterna glória! Que seja bendito o vosso santo nome glorioso, digno do mais alto louvor e de eterna exaltação! Sede bendito no templo de vossa glória santa, digno do mais alto louvor e de eterna glória! Sede bendito por penetrardes com o olhar os abismos, e por estardes sentado sobre os querubins, digno do mais alto louvor e de eterna exaltação! Sede bendito sobre vosso régio trono, digno do mais alto louvor e de eterna exaltação! Sede bendito no firmamento dos céus, digno do mais alto louvor e de eterna glória!".

Então Nabucodonosor, admirado, levantou-se, precipitadamente, dizendo a seus conselheiros: "Não foram três homens amarrados que jogamos no fogo". "Certamente, majestade", responderam. "Pois bem", replicou o rei, "eu vejo quatro homens soltos, que passeiam impunemente no meio do fogo; o quarto tem a aparência de um filho dos deuses".

Dito isto, Nabucodonosor, aproximando-se da porta da fornalha, exclamou: "Sidrac, Misac, Abdênago, servos do Deus Altíssimo, saí, vinde!". Então, os três jovens saíram do meio do fogo. Os sátrapas, os prefeitos, os governadores e os conselheiros do rei, em grupos à volta, verificaram que o fogo não tinha tocado nos corpos desses homens, que nenhum cabelo de suas cabeças tinha sido queimado, que suas vestes não tinham sido estragadas e que eles não traziam nem indício do odor de fogo!

Nabucodonosor tomou a palavra: "Bendito seja, disse, o Deus de Sidrac, de Misac e de Abdênago! Ele enviou seu anjo para salvar seus servos, os quais, depositando nele toda a sua confiança, e transgredindo as ordens do rei, preferiram expor suas vidas a se prostrarem em adoração diante de um deus que não era o seu. Em consequência, dou ordem que todo homem, pertencente a qualquer povo, nação ou língua, que ousar falar mal, seja o que for, contra o Deus de Sidrac, Misac e Abdênago, seja despedaçado e sua casa reduzida a um montão de imundícies; porque não há outro deus capaz de realizar uma libertação assim!".

HISTÓRIA DA VIDA

No Brasil, há diversos mártires, que não tiveram medo de enfrentar os poderosos e os opressores por amor a Jesus Cristo. Sofreram perseguições, como os jovens jogados na fornalha ardente. Verdadeiros anjos de carne e ossos, mensageiros fiéis do Evangelho. Dentre muitos, destaca-se a Bem-aventurada Albertina Berkenbrock, primeira mártir brasileira.

Ela nasceu no dia 11 de abril de 1919, em São Luís, Imaruí, estado de Santa Catarina, de uma família de origem alemã, simples e profundamente cristã. Há uma singular concordância entre os testemunhos, dados nos vários processos canônicos, por parte de quem a tinha conhecido e convivido com ela, ao descrevê-la como uma menina bondosa, no mais amplo sentido do termo. A natural mansidão e a bondade de Albertina conjugavam-se bem com uma vida cristã compreendida e vivida completamente. Da prática cristã derivava a sua inclinação à bondade, às práticas religiosas e às virtudes, na medida em que uma criança da sua idade podia entendê-las e vivê-las. Sabia ajudar os pais no trabalho dos campos e, especialmente, em casa. Sempre dócil, obediente, incansável, com espírito de sacrifício, paciente, até quando os irmãos a mortificavam ou lhe batiam, ela sofria em silêncio, unindo-se aos sofrimentos de Jesus, a quem amava sinceramente.

Na juventude, esforçava-se para ter seu coração centrado no mistério da Eucaristia e no sacramento da Penitência.

Albertina cuidava do rebanho de seu pai. Um dia, um boi fugiu e a jovem recebeu a ordem de procurá-lo pelos caminhos. Enquanto buscava o animal extraviado, encontrou um homem, apelidado "Maneco Palhoça", que trabalhava para a família. Ela perguntou a ele se sabia onde estaria o boi perdido. Ele indicou um lugar distante e a surpreendeu, tentando estuprá-la. Contudo, não conseguiu o que queria. Albertina resistiu, pois não queria pecar contra Jesus. Enfrentou-o com convicção e fé. O homem, dominado pela fúria, agarrou-a pelos cabelos, jogou-a ao chão e cortou seu pescoço, matando-a imediatamente. Tudo isso aconteceu em 15 de junho de 1931. Naquele dia tão triste, ela foi levada pelos santos anjos ao mais alto dos céus. Por causa da castidade, Albertina derramou seu sangue. Foi beatificada pela Igreja no dia 20 de outubro de 2007, na diocese de Tubarão, Santa Catarina. Ela é quem intercede pelos jovens perseguidos. Ela, junto com

os anjos de Deus, protege aqueles que lutam contra toda forma de escravidão: o poder, o ter e o prazer, que tanto têm destruído os sonhos e a vida dos jovens do país e de todo o mundo.

Diante dos muitos desafios que nos são colocados, há o exemplo dos três jovens judeus que viviam na Babilônia, e também o da brasileira Albertina. Não tenhamos medo de professar a fé! Não estamos sós, jogados à própria sorte, nos momentos de perseguição. Jesus está nos sustentando em seus braços de amor. E onde está Jesus, miríades e miríades de anjos se fazem presentes.

Oração

Dn 3,57-90

Obras do Senhor, bendizei todas o Senhor,
louvai-o e exaltai-o eternamente!
Céus, bendizei o Senhor, louvai-o e exaltai-o eternamente!
Anjos do Senhor, bendizei o Senhor,
louvai-o e exaltai-o eternamente!

Águas e tudo o que está sobre os céus, bendizei o Senhor,
louvai-o e exaltai-o eternamente!
Todos os poderes do Senhor, bendizei o Senhor,
louvai-o e exaltai-o eternamente!
Sol e lua, bendizei o Senhor,
louvai-o e exaltai-o eternamente!

Estrelas dos céus, bendizei o Senhor,
louvai-o e exaltai-o eternamente!
Chuvas e orvalhos, bendizei o Senhor,
louvai-o e exaltai-o eternamente!
Ó vós, todos os ventos, bendizei o Senhor,
louvai-o e exaltai-o eternamente!

AMIGOS INVISÍVEIS

Fogo e calor, bendizei o Senhor,
louvai-o e exaltai-o eternamente!
Frio e geada, bendizei o Senhor,
louvai-o e exaltai-o eternamente!
Orvalhos e gelos, bendizei o Senhor,
louvai-o e exaltai-o eternamente!

Frios e aragens, bendizei o Senhor,
louvai-o e exaltai-o eternamente!
Gelos e neves, bendizei o Senhor,
louvai-o e exaltai-o eternamente!
Noites e dias, bendizei o Senhor,
louvai-o e exaltai-o eternamente!

Luz e trevas, bendizei o Senhor,
louvai-o e exaltai-o eternamente!
Raios e nuvens, bendizei o Senhor,
louvai-o e exaltai-o eternamente!
Que a terra bendiga o Senhor,
e o louve e o exalte eternamente!

Montes e colinas, bendizei o Senhor,
louvai-o e exaltai-o eternamente!
Tudo o que germina na terra, bendizei o Senhor,
louvai-o e exaltai-o eternamente!
Mares e rios, bendizei o Senhor,
louvai-o e exaltai-o eternamente!

Fontes, bendizei o Senhor,
louvai-o e exaltai-o eternamente!
Monstros e animais que vivem nas águas, bendizei o Senhor,
louvai-o e exaltai-o eternamente!
Pássaros todos do céu, bendizei o Senhor,
louvai-o e exaltai-o eternamente!

Animais e rebanhos, bendizei o Senhor,
louvai-o e exaltai-o eternamente!
E vós, homens, bendizei o Senhor,
louvai-o e exaltai-o eternamente!
Que Israel bendiga o Senhor,
e o louve e o exalte eternamente!

Sacerdotes, bendizei o Senhor,
louvai-o e exaltai-o eternamente!
Vós que estais a serviço do templo, bendizei o Senhor,
louvai-o e exaltai-o eternamente!
Espíritos e almas dos justos, bendizei o Senhor,
louvai-o e exaltai-o eternamente!

Santos e humildes de coração, bendizei o Senhor,
louvai-o e exaltai-o eternamente!
Glorificai o Senhor porque ele é bom,
porque eterna é a sua misericórdia.
Homens piedosos, bendizei o Senhor, Deus dos deuses,
louvai-o, glorificai-o, porque é eterna a sua misericórdia.

Os anjos, defensores dos inocentes

HISTÓRIA DA BÍBLIA (Dn 6,1-29)

Ainda no livro do profeta Daniel, a Bíblia Sagrada nos presenteia com uma história impressionante da ação dos santos anjos na vida do jovem profeta.

Dario, rei dos Medos, recebeu a realeza, mais ou menos, com a idade de 62 anos. Aprouve a Dario constituir e espalhar por todo o seu reino cento e vinte sátrapas, submetidos a três ministros, um dos quais era o profeta Daniel, a quem eles teriam de prestar contas, a fim de que os interesses do rei nunca fossem lesados. Ora, Daniel, devido à superioridade de seu espírito, levava vantagem sobre os ministros e sátrapas, e com isso o rei sonhava em pô-lo à frente de todo o reino. Por isso, ministros e sátrapas procuravam um meio de acusar Daniel em relação à sua administração. Mas não puderam descobrir pretexto algum, nem falta, porque ele era íntegro e nada de faltoso e repreensível se encontrava nele. Esses homens disseram, então: "Não acharemos motivo algum de acusação contra esse Daniel, a não ser naquilo que diz respeito à lei de seu Deus".

Então ministros e sátrapas vieram, tumultuosamente, procurar o rei e lhe disseram: "Rei Dario, longa vida ao rei! Os ministros do reino, os prefeitos, os sátrapas, os conselheiros e os governadores estão todos de acordo em que seja publicado um edito real com uma interdição, estabelecendo que aquele que nesses trinta dias dirigir preces a um deus ou homem qualquer que seja, além de ti, ó rei, seja jogado na cova dos leões. Promulga, pois, ó rei, esta interdição, e manda fazer um documento, a fim de que, conforme o estabelecido na lei definitiva dos medos e dos persas, não possa ser revogada". Em consequência, o rei Dario fez redigir o documento contendo a referida interdição.

Ouvindo essa notícia, Daniel entrou em sua casa, a qual tinha, no quarto de cima, janelas que davam para o lado de Jerusalém. Três vezes ao dia, ajoelhado, como antes, continuou a orar e a louvar a Deus. Então esses homens acorreram amotinados e encontraram Daniel em oração, invocando seu Deus. Foram, imediatamente, ao palácio do rei e disseram-lhe, a respeito do edito real de interdição: "Não promulgaste, ó rei, uma proibição estabelecendo que quem nesses trinta dias invocasse algum deus ou homem qualquer que fosse, à exceção tua, seria jogado na cova dos leões?". "Certamente", respondeu o rei, "assim foi feito segundo a lei dos medos e dos persas, que não pode ser modificada". "Pois bem", continuaram: "Daniel, o deportado de Judá, não tem consideração nem por tua pessoa nem por teu decreto: três vezes ao dia ele faz sua oração".

Ouvindo essas palavras, o rei, bastante contrariado, tomou a resolução de salvar Daniel, e nisso esforçou-se até o pôr do sol. Mas os mesmos homens, novamente, o vieram procurar, em tumulto: "Saibas, ó rei", disseram-lhe, "que a lei dos medos e dos persas não permite derrogação alguma a uma proibição ou a uma medida publicada em edito pelo rei". Então, o rei deu ordem para trazerem Daniel e o jogarem na cova dos leões. "Que o Deus, que tu adoras com tanta fidelidade", disse-lhe, "queira ele mesmo salvar-te!". Trouxeram uma pedra, que foi rolada sobre a abertura da cova; o rei lacrou-a com seu sinete e com o dos grandes, a fim de que nada fosse modificado em relação a Daniel.

De volta a seu palácio, o rei passou a noite sem nada tomar, e sem mandar vir concubina alguma para junto de si. Não conseguiu adormecer. Logo ao amanhecer, levantou-se e dirigiu-se a toda pressa à cova dos leões. Quando se aproximou, chamou Daniel com voz cheia de tristeza: "Daniel", disse-lhe, "servo de Deus vivo, teu Deus que tu adoras com tanta fidelidade terá podido salvar-te dos leões?!". Daniel respondeu-lhe: "Senhor, vida longa ao rei! Meu Deus enviou seu anjo e fechou a boca dos leões; eles não me fizeram mal algum, porque a seus olhos eu era inocente e porque contra ti também, ó rei, não cometi falta alguma".

Então, o rei, todo feliz, ordenou que se retirasse Daniel da cova. Foi ele assim retirado sem traço

algum de ferimento, porque tinha tido fé em seu Deus. Por ordem do rei, mandaram vir então os acusadores de Daniel, que foram jogados na cova dos leões com suas mulheres e seus filhos. Não haviam tocado o fundo da cova, e já os leões os agarraram e lhes trituraram os ossos! Então, o rei Dario escreveu: "A todos os povos, a todas as nações e aos povos de todas as línguas que habitam sobre a terra, felicidade e prosperidade! Por mim é ordenado que, em toda a extensão de meu reino, se mantenha perante o Deus de Daniel temor e tremor. É o Deus vivo, que subsiste eternamente; seu reino é indestrutível e seu domínio é perpétuo. Ele salva e livra, faz milagres e prodígios no céu e sobre a terra: foi ele quem livrou Daniel das garras dos leões". Foi assim que Daniel prosperou durante o reinado de Dario e durante o de Ciro, o persa.

A história do profeta Daniel emociona. Que exemplo de fidelidade a Deus! Armaram-lhe uma cilada. Seus inimigos fizeram de tudo para destruir sua vida. A inveja dominara o coração deles. Tinham sede de poder. Não queriam dar nenhum espaço para Daniel no serviço ao rei Dario. Contudo, pereceram nos dentes das feras, enquanto o jovem profeta foi salvo pelo anjo enviado pelo Senhor. Esse anjo fechou a boca dos leões. O Diabo e seus demônios são leões que rugem, dia e noite, contra os filhos de Deus. Como ensina São Pedro, "é necessário resistir-lhes, firmes na fé" (1Pd 5,9).

HISTÓRIA DA VIDA

No dia 5 de julho de 2013, sexta-feira de manhã, nos Jardins do Vaticano, o Papa Francisco inaugurou um monumento a São Miguel Arcanjo, concluindo com duas orações de consagração do Estado do Vaticano a São José e ao Arcanjo Guerreiro. Pouco antes do início da cerimônia, havia chegado ao local, a convite de Francisco, o Papa Emérito Bento XVI, saudado por todos com muito carinho.

Na alocução que pronunciou, o Papa Francisco recordou o significado que assumia, naquele Ano da Fé, a inauguração de uma imagem dedicada ao Arcanjo São Miguel, cujo nome significa "Quem é como Deus?". Disse o Papa Francisco: "Miguel é o campeão do primado de Deus, da sua transcendência e potência. Miguel luta para restabelecer a justiça divina; defende o Povo de Deus dos seus inimigos e sobretudo do inimigo, por excelência, o Diabo. E São Miguel vence, porque nele é Deus quem atua. Essa escultura recorda que o mal é vencido, o acusador é desmascarado, a sua cabeça é esmagada, porque a salvação realizou-se uma vez para sempre no sangue de Cristo. Deus é o mais forte, é sua a vitória e a sua salvação é oferecida a todos os homens. Ele defende a todos do Maligno e o expulsa daqui".

Daniel saiu vivo da cova dos leões porque creu. Vivia em constante oração e amor aos seus irmãos judeus, que sofriam longe de Jerusalém. Deus era por ele. Os anjos estavam com ele. Nenhum mal foi capaz de apagar de seu coração a confiança inabalável no Deus de Israel.

Que esse jovem israelita seja modelo de perseverança para todos nós, muitas vezes desanimados com os dissabores da vida! Daniel amava a Deus com todo seu coração, com toda sua alma e com toda sua força. Que essa chama de amor jamais se apague de nossa vida interior!

Oração

SÃO JOÃO MARIA VIANNEY

Eu vos amo, ó meu Deus,
E vos amarei até o último suspiro da minha vida.
Sois o meu único desejo.
Eu vos amo, ó Deus infinitamente amável,
E prefiro morrer amando-vos
Do que viver um só instante sem vos amar.

Eu vos amo, ó meu Deus, e não desejo o céu
Senão para ter a alegria de vos amar perfeitamente.
Eu vos amo, ó meu Deus, e temo o inferno
Porque lá jamais haverá a suave consolação de vos amar.

Ó meu Deus, se a minha língua não pode dizer-vos,
A todo momento, que vos amo,
Quero, ao menos, que o meu coração vos repita a cada suspiro.
Concedei-me a graça de sofrer, amando-vos,
De amar-vos sofrendo e de expirar um dia amando-vos
E sentindo que vos amo.
E, quanto mais me aproximo do meu fim,
Mais vos imploro que aumenteis o meu amor e o aperfeiçoeis.

Os anjos, arautos da esperança

HISTÓRIA DA BÍBLIA (Lc 1,5-25)

No Antigo Testamento, os santos anjos estiveram sempre presentes na vida dos patriarcas, juízes, reis e profetas. Também na jornada do povo de Deus rumo à Terra Prometida. O mesmo continuou acontecendo na vida de Jesus, dos apóstolos e da Igreja primitiva, assim como na história daqueles que precederam e prepararam a vinda do Salvador a este mundo.

No Evangelho de São Lucas, temos a narrativa do encontro do Arcanjo Gabriel com Zacarias, sacerdote do Templo de Jerusalém, que se tornaria pai do último dos profetas: João Batista.

O médico e evangelista diz que nos tempos de Herodes, rei da Judeia, houve um sacerdote, por nome Zacarias, da classe de Abias; sua mulher, descendente de Aarão, chamava-se Isabel. Ambos eram justos diante de Deus e observavam irrepreensivelmente todos os mandamentos e preceitos do Senhor. Mas não tinham filho, porque Isabel era estéril e ambos de idade avançada.

Exercendo Zacarias, diante de Deus, as funções de sacerdote, na ordem da sua classe, coube-lhe por sorte, segundo o costume em uso entre os sacerdotes, entrar no santuário do Senhor e aí oferecer o perfume. Todo o povo estava de fora, à hora da oferenda do perfume. Apareceu-lhe, então, um anjo do Senhor, em pé, à direita do altar do perfume. Vendo-o, Zacarias ficou perturbado, e o temor assaltou-o.

Mas o anjo disse-lhe: "Não temas, Zacarias, porque foi ouvida a tua oração: Isabel, tua mulher, dar-te-á um filho, e chamá-lo-ás João. Ele será para ti motivo de gozo e alegria, e muitos se alegrarão com o seu nascimento; porque será grande diante do Senhor e não beberá vinho nem cerveja, e desde o ventre de sua mãe será cheio do Espírito Santo; ele converterá muitos dos filhos de Israel ao Senhor, seu Deus, e irá adiante de Deus, com o espírito e poder de Elias, para reconduzir os corações dos pais aos filhos e os rebeldes à sabedoria dos justos, para preparar ao Senhor um povo bem disposto". Zacarias perguntou ao anjo: "Donde terei certeza disto? Pois sou velho e minha mulher é de idade avançada". O anjo respondeu-lhe: "Eu sou Gabriel, que assisto diante de Deus, e fui enviado para te falar e te trazer esta feliz nova. Eis que ficarás mudo e não poderás falar até o dia em que estas coisas acontecerem, visto que não deste crédito às minhas palavras, que se hão de cumprir a seu tempo". No entanto, o povo estava esperando Zacarias; e admirava-se de ele se demorar tanto tempo no santuário. Ao sair, não lhes podia falar, e compreenderam que tivera no santuário uma visão. Ele lhes explicava isto por acenos; e permaneceu mudo.

Decorridos os dias do seu ministério, retirou-se para sua casa. Algum tempo depois, Isabel, sua mulher, concebeu; e por cinco meses se ocultava, dizendo: "Eis a graça que o Senhor me fez, quando lançou os olhos sobre mim para tirar o meu opróbrio dentre os homens".

"Gabriel" significa "Força de Deus". Zacarias e Isabel, mesmo fiéis a Deus e cumprindo tudo o que era prescrito na lei, sofriam injúrias e preconceitos por não terem um filho. Naquela época, a mulher estéril era considerada a maior das pecadoras. "Não era digna de receber de Deus um filho", diziam as pessoas. Por ser de idade avançada, Isabel tinha perdido as esperanças de ter descendência. Todavia, o Pai do céu tinha um plano de amor para ela e seu marido. Através deles o Senhor mandaria aquele que viria preparar os caminhos para seu Filho, Jesus. E assim aconteceu, no tempo oportuno. O Arcanjo Gabriel foi enviado, como mensageiro, para dar essa notícia extraordinária a Zacarias. E onde tudo aconteceu? No Templo, na casa de Deus! Naquele instante em que Zacarias oferecia o incenso, como gratidão e louvor a Deus. Isabel concebeu e deu à luz João Batista.

Os anjos continuam sendo enviados do céu para trazerem boas notícias para a humanidade, sobretudo àqueles que sofrem, choram, são excluídos, discriminados e vivem sem esperança.

HISTÓRIA DA VIDA

Em um dia chuvoso, eu voltava de Valinhos, São Paulo, onde, semanalmente, apresento um programa de televisão. Até minha casa são duas horas de carro. Como sempre, parei na metade do caminho para tomar um café. Uma mulher veio me atender. Ela me conhecia. Sabia que eu era padre. Quando veio me servir, derramava lágrimas dos olhos.

Então perguntei: "Que houve, filha? Por que você está chorando?". Ela abriu o coração: "Estou passando por um momento muito difícil lá em casa. Tenho apenas uma filha, Padre. Tem quinze anos e é linda. Minha vida! Minha riqueza! Ela nasceu sem audição em um dos ouvidos. Mas agora a situação se complicou. Há alguns dias perdeu a audição do outro ouvido. Ficou completamente surda. Levei-a aos melhores médicos da região. Após uma série de exames, disseram-me que é irreversível. Parece que um buraco se abriu debaixo de meus pés! Não sei mais o que fazer".

Meses antes, eu lançara um CD chamado "O Rosário dos Arcanjos", com músicas e oração a São Miguel, São Gabriel e São Rafael. Havia alguns exemplares no meu carro. Tomei o café, rapidinho, e fui buscar um CD, para dar de presente à filha dela.

Aproximando-me do balcão, falei: "Leve esse CD para sua menina. Aqui tem músicas e orações aos santos anjos. Sei que ela não vai escutar nada do que tem gravado aqui, mas põe para tocar mesmo assim no quarto dela. Creio que Jesus vai enviar seus anjos para abrir os caminhos para sua cura".

A mulher acolheu o presente com um sorriso. Agradeceu-me e disse que faria tudo como estava lhe pedindo.

As semanas se passaram e eu voltei ao restaurante. Ao me avistar, a mulher veio correndo com grande alegria estampada no rosto e nos olhos. Então me disse: "Padre, você acredita em milagre?". "Sim! Claro!", respondi. "Você não vai acreditar no

que aconteceu com minha filha. Coloquei as músicas e as orações do CD no quarto dela. Dias depois, descobri que havia chegado aqui na cidade um otorrinolaringologista, vindo dos Estados Unidos. Jovem ainda, estudou numa das melhores universidades daquele país. Agora estava atendendo em seu consultório. Ele disse que era possível a implantação de um *chip* eletrônico dentro do ouvido da minha filha. As chances de sucesso seriam grandes. Contei minha situação. Falei que trabalhava de garçonete num restaurante e não tinha dinheiro para pagar um tratamento como esse. Era impossível para mim. O médico então me respondeu: 'Eu vou ajudar vocês. A sua filha tem um longo futuro pela frente. Se existe uma possibilidade, vamos fazer de tudo'. Agora, Padre Agnaldo, a maior surpresa que Jesus faz para a gente! Sabe o nome do médico? Doutor Gabriel. Ele é um verdadeiro anjo que Jesus colocou em nosso caminho".

Apertei suas mãos com força. A alegria era tanta que fiquei sem palavras. Depois de alguns longos segundos em silêncio, agradeci a Jesus e aos santos anjos por essa graça que já estava acontecendo na vida daquela família.

Dois meses depois, a cirurgia foi realizada e a menina voltou a ouvir. Aquilo que parecia impossível, se fez possível, graças à fé daquela mãe, da intercessão de São Gabriel e do poder de Jesus.

Aquilo que aconteceu com Zacarias e Isabel continua a se realizar em nossos dias, pois os anjos estão conosco. Com a intercessão desses amigos invisíveis, Jesus continua abrindo os olhos dos cegos e os ouvidos dos surdos.

Oração

Lc 1,68-79

Bendito seja o Senhor, Deus de Israel,
Porque visitou e resgatou o seu povo,
E suscitou-nos um poderoso Salvador,
Na casa de Davi, seu servo,
Como havia anunciado, desde os primeiros tempos,
Mediante os seus santos profetas,
Para nos livrar dos nossos inimigos
E das mãos de todos os que nos odeiam.

Assim exerce a sua misericórdia com nossos pais,
E se recorda de sua santa aliança,
Segundo o juramento que fez a nosso pai Abraão:
De nos conceder que, sem temor,
Libertados de mãos inimigas,
Possamos servi-lo em santidade e justiça,
Em sua presença, todos os dias da nossa vida.

E tu, menino, serás chamado profeta do Altíssimo,
Porque precederás o Senhor e lhe prepararás o caminho,
Para dar ao seu povo conhecer a salvação,
Pelo perdão dos pecados.
Graças à ternura e misericórdia de nosso Deus,
Que nos vai trazer do alto a visita do Sol nascente,
Que há de iluminar os que jazem nas trevas e na sombra da morte
E dirigir os nossos passos no caminho da paz.

Os anjos, anunciadores da salvação

HISTÓRIA DA BÍBLIA (Lc 1,26-38)

São Lucas, ainda no primeiro capítulo do seu Evangelho, conta-nos o que aconteceu numa pequena aldeia de Nazaré da Galileia, quando uma virgem chamada Maria recebeu uma visita especial do céu. Ela estava prometida em casamento a um homem que se chamava José, da casa de Davi. Entrando, o anjo disse-lhe: "Ave, cheia de graça, o Senhor é contigo". Perturbou-se ela com estas palavras e pôs-se a pensar no que significaria semelhante saudação.

O anjo disse-lhe: "Não temas, Maria, pois encontraste graça diante de Deus. Eis que conceberás e darás à luz um filho e lhe porás o nome de Jesus.

Ele será grande e chamar-se-á Filho do Altíssimo, e o Senhor Deus lhe dará o trono de seu pai Davi; e reinará eternamente na casa de Jacó, e o seu reino não terá fim". Maria perguntou ao anjo: "Como se fará isso, pois não conheço homem?". Respondeu-lhe o anjo: "O Espírito Santo descerá sobre ti, e a força do Altíssimo te envolverá com a sua sombra. Por isso o ente santo que nascer de ti será chamado Filho de Deus. Também Isabel, tua parenta, até ela concebeu um filho na sua velhice; e já está no sexto mês aquela que é tida por estéril, porque a Deus nenhuma coisa é impossível". Então disse Maria: "Eis aqui a serva do Senhor. Faça-se em mim segundo a tua palavra". E o anjo afastou-se dela.

Os anjos estiveram, desde o início, presentes na vida de Jesus, como se vê nesta narrativa bíblica. Na plenitude dos tempos, o Arcanjo Gabriel foi enviado para anunciar a Maria que ela fora a escolhida do Pai para ser mãe de seu Filho. Logo na saudação, vê-se a alegria que o coração de Gabriel irradiava:

"Ave, cheia de graça!". Anteriormente, de muitos modos, Deus havia falado com seu povo, sobretudo por meio dos profetas. Agora, falaria por meio de seu Filho Unigênito.

Maria tinha um plano para sua vida. Estava prometida em casamento a José. Apesar de se perturbar com as palavras do anjo num primeiro momento, ela disse "sim" à vontade de Deus. Não pensou em si mesma, em sua vida, na própria felicidade. Mas, de todo o coração, respondeu ao anjo: "Eis aqui a serva do Senhor. Faça-se em mim segundo a tua palavra". Foi imensa a alegria do Arcanjo Gabriel ao ouvir o "sim" de Maria. Naquele momento, não somente ele, mas todos os anjos e todo o céu ficaram em festa. O Verbo Divino se faria carne e viria armar a sua tenda entre os homens. Jesus, "rosto divino do homem e rosto humano de Deus", seria a ponte entre a terra e o céu, o mediador entre Deus e os homens. Uma passagem unindo céu e terra seria construída através de sua Paixão, Morte e Ressurreição. Uma Páscoa infinitamente superior à páscoa dos hebreus pelo mar Vermelho, tendo à frente Moisés.

Quando pecamos, quebramos nossa comunhão com Jesus. Perdemos a sintonia com o céu, a vida, o amor e a felicidade verdadeira. Mas, se nos arrependemos, confessamos os pecados, reconciliamo-nos com Deus, através do seu Filho, e voltamos à plena graça. Ficamos com um coração semelhante ao de Maria Santíssima: Imaculado! Assim, temos condições de também dizer o nosso "sim" à vontade do Pai. Deixarmos os pecados capitais: soberba, avareza, luxúria, inveja, ira, gula e preguiça para caminhar na sintonia com o Senhor não é uma tarefa fácil! Aliás, impossível com as nossas próprias forças. Todavia, Jesus está junto de nós. Podemos, ainda, contar com a intercessão de Maria, dos santos e dos anjos. Esforcemo-nos para imitar a querida Mãe, num "sim" diário, perseverante e verdadeiro ao Senhor, nosso Deus.

HISTÓRIA DA VIDA

Vou lhe contar uma história que aprendi com meu tio, Elias, pedreiro e carpinteiro, irmão de meu pai. Hoje, ele mora no céu, mas nunca me esqueci

das coisas lindas que me ensinou! Eu era ainda adolescente e ajudava-o nas férias da escola.

"Certa vez, um fazendeiro deixou muitas terras como herança para seus dois filhos. Eles aprenderam, desde crianças, que o amor e a amizade era o mais importante na vida. Depois da morte do pai, repartiram a fazenda. Um rio dividia as terras de um e de outro. Os dois irmãos se amavam, conversavam todos os dias, trocavam informações sobre preços dos produtos. A paz reinava naquele lugar, até que uma discussão pôs fim à harmonia de anos de convivência. Ficaram inimigos e não se falavam mais. Em uma manhã, apareceu um carpinteiro na fazenda do irmão mais velho, pedindo emprego. Ele mandou-o construir um muro às margens do rio, pois nunca mais queria ver ou conversar com seu irmão: 'Vou para a cidade fazer compras. Ao voltar, eu pago seu serviço'. Voltando à tarde, aquele homem teve uma surpresa que o deixou furioso: o carpinteiro havia construído uma ponte sobre o rio, ligando as duas partes da antiga fazenda. De repente, levantou a cabeça e avistou seu irmão vindo ao seu encontro, caminhando sobre a ponte. Aproximando-se, abriu os braços e lhe disse: 'Esperei tanto por este momento, meu irmão! Você sabe que o amo muito! Se o magoei, perdoe-me!'. Lágrimas corriam no rosto de ambos. Aquele abraço foi curando as feridas. Novamente, a alegria e a paz encontraram abrigo na fazenda, antes dividida, agora unida por uma ponte. O irmão mais velho olhou para o carpinteiro e ofereceu-lhe emprego fixo, pagando ótimo salário. Daria grande recompensa por ter unido a família. Mas o carpinteiro respondeu-lhe: 'Não posso aceitar seu convite. Existem muitas pontes para serem construídas e essa é a minha missão'".

Perdoar quem fere é um caminho árduo a ser percorrido! Seja na comunidade, na família ou no ambiente de trabalho. O ser humano, instintivamente, é vingativo. Se alguém pisa em seu pé, imediatamente, você quer revidar, pisando no dele também. Existem até chavões a esse respeito: "Não tenho sangue de barata". "Eu sou muito bom... Mas não mexa comigo que a coisa fica feia!". Assim, muitos vão levando a vida "aos trancos e barrancos".

Jesus oferece o bálsamo para curar as feridas da nossa alma, sobretudo libertando-nos do ódio, do rancor e do ressentimento. Ele nos ensina: "O que quereis que os homens vos façam, fazei-o também a eles. [...] Amai os vossos inimigos, fazei o bem e emprestai, sem, daí, esperar nada. E grande será a vossa recompensa e sereis filhos do Altíssimo, porque ele é bom para com os ingratos e maus" (Lc 6,31-35).

Que Jesus nos envie seus anjos para nos ajudar na construção de muitas pontes, amando, perdoando e trabalhando por um mundo justo e fraterno!

Oração

SÃO FRANCISCO DE ASSIS

Salve, ó Senhora Santa, Rainha Santíssima,
Mãe de Deus, ó Maria, que sois Virgem feita Igreja,
Eleita pelo Santíssimo Pai celestial,
Que vos consagrou por seu Santíssimo e dileto Filho
E o Espírito Santo Paráclito.
Em vós residiu
E reside toda plenitude da graça e todo o bem.

Salve, ó palácio do Senhor!
Salve, ó tabernáculo do Senhor!
Salve, ó morada do Senhor! Salve, ó manto do Senhor!
Salve, ó serva do Senhor!
Salve, ó mãe do Senhor!

E salve vós todas, ó santas virtudes,
Derramadas, pela graça e iluminação do Espírito Santo,
Nos corações dos fiéis,
Transformando-os de infiéis em fiéis servos de Deus!
Amém.

Os anjos, mensageiros da alegria

HISTÓRIA DA BÍBLIA (Lc 2,1-21)

São Lucas, o Evangelista da Misericórdia, no segundo capítulo do seu Evangelho, narra como foi o nascimento de Jesus.

Ele escreveu que, naqueles tempos, apareceu um decreto de César Augusto, ordenando o recenseamento de toda a terra. Este recenseamento foi feito antes do governo de Quirino, na Síria. Todos iam alistar-se, cada um na sua cidade. Também José subiu da cidade de Nazaré, na Galileia, para a cidade de Davi, na Judeia, chamada Belém, porque era da casa e família de Davi, para se alistar com a sua esposa Maria, que estava grávida.

Estando eles ali, completaram-se os dias dela. E deu à luz seu filho primogênito, e, envolvendo-o em faixas, reclinou-o numa manjedoura; porque não havia lugar para eles na hospedaria.

Havia, nos arredores, uns pastores, que vigiavam e guardavam seu rebanho nos campos durante as vigílias da noite. Um anjo do Senhor apareceu-lhes e a glória do Senhor refulgiu ao redor deles, e tiveram grande temor. O anjo disse-lhes: "Não temais, eis que vos anuncio uma Boa-Nova que será alegria para todo o povo: hoje vos nasceu, na Cidade de Davi, um Salvador, que é o Cristo Senhor. Isto vos servirá de sinal: achareis um recém-nascido envolto em faixas e posto numa manjedoura". E, subitamente, ao anjo se juntou uma multidão do exército celeste, que louvava a Deus e dizia: "Glória a Deus no mais alto dos céus e na terra paz aos homens, objetos da benevolência divina".

Depois que os anjos os deixaram e voltaram para o céu, falaram os pastores uns com os outros: "Vamos até Belém e vejamos o que se realizou e o que o Senhor nos manifestou". Foram com grande pressa e acharam Maria e José, e o menino deitado na manjedoura. Vendo-o, contaram o que se lhes havia dito a respeito daquele menino. Todos os que os ouviam admiravam-se das coisas que lhes contavam os pastores. Maria conservava todas estas palavras, meditando-as no seu coração. Voltaram os pastores, glorificando e louvando a Deus por tudo o que tinham ouvido e visto, e que estava de acordo com o que lhes fora dito. Completados, que foram, os oito dias para ser circuncidado o menino, foi-lhe posto o nome de Jesus, como lhe tinha chamado o anjo, antes de ser concebido no seio materno.

Na noite de Natal, o céu exultou de alegria com o nascimento do Menino-Deus em Belém. As estrelas brilharam no firmamento. A luz aumentou seu fulgor. O vento bailava de júbilo, tocando suavemente as folhas das árvores. Naquela noite santa, uma Luz, nunca antes vista, iluminou a noite escura: Jesus Cristo. Por isso, os anjos vieram ao encontro dos pastores. Um hino de glória podia ser ouvido em toda a região montanhosa da Judeia. O coro dos anjos entoava a mais linda das canções. A espera havia terminado. O Messias estava ao alcance das mãos, deitado naquela simples manjedoura.

O nascimento de Jesus e toda a sua peregrinação nesta terra são dignos de todo louvor, honra e glória. Palavras humanas não conseguem expressar a grandeza da misericórdia de Deus. Por isso, somos chamados a unir nossas vozes às dos anjos e santos, e, nessa perfeita comunhão, glorificar aquele que é o "Santo, Santo, Santo, o Senhor Deus do Universo".

Como ensina o Papa Francisco: "A alegria do Evangelho enche o coração e a vida inteira daqueles que se encontram com Jesus. Quantos se deixam salvar por ele e são libertados do pecado, da tristeza, do vazio interior, do isolamento! Com Jesus Cristo, renasce, sem cessar, a alegria. Quero dirigir-me aos fiéis cristãos a fim de convidá-los para uma nova etapa evangelizadora marcada por esta alegria e indicar caminhos para o percurso da Igreja nos próximos anos. Alegria que se renova e comunica. O grande risco do mundo atual, com sua múltipla e avassaladora oferta de consumo, é uma tristeza individualista que brota do coração comodista e mesquinho, da busca desordenada de prazeres superficiais, da consciência isolada. Quando a vida interior se fecha nos próprios interesses, deixa de haver espaço para os outros, já não entram os pobres, já não se ouve a voz de Deus, já não se goza da doce alegria do seu amor, nem fervilha o entusiasmo de fazer o bem. Este é um risco, certo e permanente, que correm também os crentes. Muitos caem nele, transformando-se em pessoas ressentidas, queixosas, sem vida. Esta não é a escolha de uma vida digna e plena, este não é o desígnio que Deus tem para nós, esta não é a vida no Espírito que jorra do coração de Cristo Ressuscitado. Há cristãos que parecem ter escolhido viver uma Quaresma sem Páscoa. Reconheço, porém, que a alegria não se vive da mesma maneira em todas as etapas e circunstâncias da vida, por vezes muito duras. Adapta-se e transforma-se, mas sempre permanece pelo menos como um feixe de luz que nasce da certeza pessoal de, não obstante o contrário, sermos infinitamente amados. Compreendo as pessoas que se vergam à tristeza por causa das graves dificulda-

OS ANJOS, MENSAGEIROS DA ALEGRIA

des que têm de suportar, mas aos poucos é preciso permitir que a alegria da fé comece a despertar, como uma secreta mas firme confiança, mesmo no meio das piores angústias: 'A paz foi desterrada da minha alma, já nem sei o que é a felicidade [...]. Isto, porém, guardo no meu coração; por isso, mantenho a esperança. É que a misericórdia do Senhor não acaba, não se esgota a sua compaixão. Cada manhã ela se renova; é grande a sua fidelidade. [...] Bom é esperar, em silêncio, a salvação do Senhor' (Lm 3,17.21-23.26)" (*Evangelii Gaudium*, nn. 1-2.6).

HISTÓRIA DA VIDA

Visitar as famílias alegra muito meu coração! Sinto o cheiro das ovelhas, como diz o Papa Francisco. Conheço as pessoas da comunidade, suas dores, alegrias e histórias. Aprendo mais do que ensino.

Certa vez, saí de casa para exercitar esse apostolado. Era por volta das nove da manhã. Depois de três casas, cheguei à de uma senhora que participa das missas na paróquia. Sempre a vejo adorando Jesus na capela do Santíssimo Sacramento, na Igreja Matriz.

Toquei a campainha e ela abriu a porta da sala. Percebi que estava com cara de poucos amigos. Surpresa pela visita inesperada, acolheu-me na sala. Perguntei-lhe pelo marido. Ela respondeu: "Ele está mais ou menos. Saiu cedo para o serviço. Sabe, Padre, já estou cansada dessa vida de casada! Ninguém merece um homem falando na cabeça da gente!". Quis mudar de assunto e perguntei pelo filho dela. Ele havia sido aprovado no vestibular e estudava na Universidade de São Paulo. Algo muito difícil de conseguir. Ela fixou os olhos em mim: "Ele está mais ou menos. A vida lá na capital é cara demais. Gastamos muito dinheiro com esse curso dele". Como o ambiente estava pesado, elogiei a reforma que fizeram na casa. Estava bonita, organizada e com móveis novinhos. Mas ela respondeu do mesmo jeito: "A casa ficou mais ou menos, Padre. Não queria essa cor de tinta nas paredes, nem esse piso branco no chão. Meu marido fez do gosto dele. Fui obrigada a concordar com tudo isso". Vendo sua tristeza, fiz um pouco de silêncio. Ela percebeu que estava exagerando nas suas murmurações. Ensaiou um sorriso e me perguntou: "E o senhor, está bem?". Para quebrar o clima de desânimo, brinquei: "Acordei superanimado, mas agora estou mais ou menos". A mulher começou a rir sem parar. A alegria voltara. Abençoei a casa, tomei um cafezinho e segui minha missão.

Ter um coração agradecido a Deus, louvando-o sem cessar, deve ser um dos principais objetivos do cristão. A todo instante, o Senhor derrama a sua misericórdia sobre seus filhos. Manda a chuva para fecundar a terra. Faz o sol nascer para iluminar a janela do nosso quarto, quando acordamos. Se alguém está abatido, permite que uma flor desabroche no seu jardim, para alegrar seus olhos e inebriar a vida com seu perfume.

Escrevendo aos tessalonicenses, São Paulo ensina-nos a importância da gratidão: "Vivei sempre contentes. Orai sem cessar. Em todas as circunstâncias, dai graças, porque esta é, a vosso respeito, a vontade de Deus em Jesus Cristo. Não extingais o Espírito. Não desprezeis as profecias. Examinai tudo: abraçai o que é bom. Guardai-vos de toda a espécie de mal. O Deus da paz vos conceda santidade perfeita. Que todo o vosso ser, espírito, alma e corpo, seja conservado irrepreensível para a vinda de nosso Senhor Jesus Cristo!" (1Ts 5,16-23).

Os anjos, com muita alegria, deram a Boa Notícia do nascimento de Jesus aos pastores. Eles são mensageiros da alegria! É hora de deixarmos o "mais ou menos" bem longe dos nossos lábios e pensamentos. E, em seu lugar, digamos com todo ardor, junto com todos os anjos do céu: "Obrigado, meu Deus, por seu infinito amor por mim! Louvado seja, Senhor, por sua presença viva em minha vida! Amém".

Oração

PAPA FRANCISCO (*EVANGELII GAUDIUM*)

Virgem e Mãe Maria, vós que, movida pelo Espírito,
Acolhestes o Verbo da vida, na profundidade da vossa fé humilde,
Totalmente entregue ao Eterno,
Ajudai-nos a dizer o nosso "sim"
Perante a urgência, mais imperiosa do que nunca,
De fazer ressoar a Boa-Nova de Jesus.

Vós, cheia da presença de Cristo,
Levastes a alegria a João, o Batista,
Fazendo-o exultar, no seio de sua mãe.
Vós, estremecendo de alegria,
Cantastes as maravilhas do Senhor.
Vós, que permanecestes firme, diante da cruz,
Com uma fé inabalável,
E recebestes a jubilosa consolação da ressurreição,
Reunistes os discípulos à espera do Espírito
Para que nascesse a Igreja evangelizadora.

Alcançai-nos, agora, um novo ardor de ressuscitados,
Para levar a todos o Evangelho da vida que vence a morte.
Dai-nos a santa ousadia de buscar novos caminhos,
Para que chegue a todos o dom da beleza que não se apaga.

Vós, Virgem da escuta e da contemplação,
Mãe do amor, esposa das núpcias eternas,
Intercedei pela Igreja, da qual sois o ícone puríssimo,
Para que ela nunca se feche nem se detenha
Na sua paixão por instaurar o Reino.

Estrela da nova evangelização,
Ajudai-nos a refulgir,
Com o testemunho da comunhão, do serviço,
Da fé ardente e generosa, da justiça e do amor aos pobres,
Para que a alegria do Evangelho chegue até aos confins da terra
E nenhuma periferia fique privada da sua luz.

Mãe do Evangelho vivente,
Manancial de alegria para os pequeninos,
Rogai por nós.
Amém. Aleluia!

Os anjos, fortaleza dos perseguidos

HISTÓRIA DA BÍBLIA (Mt 2,13-23)

No seu Evangelho, São Mateus nos traz um dos momentos mais difíceis na vida da Sagrada Família: a perseguição do rei Herodes e a fuga para o Egito.

Depois da partida dos magos, um anjo do Senhor apareceu, em sonhos, a José e disse: "Levanta-te, toma o menino e sua mãe e foge para o Egito; fica lá até que eu te avise, porque Herodes vai procurar o menino para matá-lo". José levantou-se durante a noite, tomou o menino e sua mãe e partiu para o Egito. Ali, permaneceu até a morte de Herodes para que se cumprisse o que o Senhor dissera pelo profeta: "Eu chamei do Egito meu filho" (Os 11,1).

Vendo, então, Herodes que tinha sido enganado pelos magos, ficou muito irado e mandou massacrar, em Belém e nos seus arredores, todos os meninos de dois anos para baixo, conforme o tempo exato que havia indagado dos magos. Cumpriu-se, então, o que foi dito pelo profeta Jeremias: "Em Ramá se ouviu uma voz, choro e grandes lamentos: é Raquel a chorar seus filhos; não quer consolação, porque já não existem" (Jr 31,15).

Com a morte de Herodes, o anjo do Senhor apareceu em sonhos a José, no Egito, e disse: "Levanta-te, toma o menino e sua mãe e retorna à terra de Israel, porque morreram os que atentavam contra a vida do menino". José levantou-se, tomou o menino e sua mãe e foi para a terra de Israel. Ao ouvir, porém, que Arquelau reinava na Judeia, em lugar de seu pai Herodes, não ousou ir para lá. Avisado, divinamente, em sonhos, retirou-se para a província da Galileia e veio habitar na cidade de Nazaré, para que se cumprisse o que foi dito pelos profetas: "Será chamado Nazareno".

Na vida, nem tudo é tranquilidade, paz, sossego, felicidade. Vivemos neste vale de lágrimas e carregamos a pesada cruz de nossos pecados. Quando tudo parece estar bem, de repente, vem uma tempestade, um *tsunami* e arrasa com nossa vida familiar, pessoal, física, psíquica e espiritual.

Ao assumir a humanidade, Jesus ficou sujeito às fragilidades e dores humanas. Assim, ainda bebê, teve de enfrentar a fúria do rei Herodes, que queria sua morte. Herodes achava que Jesus iria ocupar seu lugar no trono de Israel. Mas, na verdade, o trono de Jesus é o coração do homem. Ele nunca quis o poder, a riqueza, os bens perecíveis desta terra, mas sempre quis os pecadores para levá-los aos braços do Pai.

Herodes não entendia isso. Por esse motivo, mandou matar todas as crianças menores de dois anos em Ramá, pensando que Jesus estivesse entre elas. No entanto, em sonho, o anjo do Senhor apareceu a José e pediu que ele e Maria fugissem para o Egito para salvar o menino Jesus. Obedientes e rapidamente, eles arrumaram suas coisas. Mãe e filho montaram num jumentinho, conduzido por José, e foram para a terra das pirâmides e dos faraós. Jesus se tornava o novo Moisés, o libertador do povo. Não um libertador da escravidão do corpo, mas da alma, dos pecados. O novo Moisés não conduziria o povo de Deus pelo meio do mar, rumo à Terra Prometida, mas o guiaria na travessia da morte para a vida, das trevas para a luz.

A Sagrada Família seguiu pelo deserto até o Egito e o anjo do Senhor os acompanhou. Ia à frente, abrindo os caminhos, protegendo-os, iluminando-os, guiando-os até às margens do rio Nilo. Lá, permaneceu, socorrendo-os, durante três anos, até a volta de Maria, José e Jesus a Nazaré, agora fugindo não mais de Herodes, mas de seu filho Arquelau, pois morrera o pai, porém, ficara o filho. E o medo tomava conta de toda a região. Apesar das muitas dificuldades, a Sagrada Família soube ser forte, permanecer unida e manter acesa a chama da fé no Deus de infinita misericórdia.

Somos capazes de suportar os desafios que a vida nos apresenta ou desanimamos diante do primeiro obstáculo? Somos capazes de compreender que "tudo concorre para o bem daqueles que amam a Deus" (Rm 8,28), como ensina São Paulo? Quando tudo está bem na nossa vida, louvamos o Senhor, mas, quando tudo vai mal, murmuramos, reclamamos, choramos e até duvidamos do amor de Deus? A todo momento, os santos anjos são enviados para nos acompanhar nesse deserto da vida. É fundamental que sejamos firmes na fé, apesar de tantas frustrações que experimentamos. Não podemos desanimar ou desistir, mesmo que o peso da cruz insista em jogar-nos por terra.

HISTÓRIA DA VIDA

Numa ocasião, acordei bem cedinho para pegar a estrada rumo a Tambaú, São Paulo, pequena cidade do interior paulista, famosa pelos inúmeros milagres que Jesus realiza pelas mãos do hoje venerável Padre Donizetti Tavares de Lima. Eu celebraria a missa no Santuário Nossa Senhora Aparecida, que acolhe milhares de romeiros aos domingos.

Depois de muitos dias sem chuva, as nuvens se formavam próximas ao horizonte. Ao entrar na rodovia, o vento ficou mais forte. A chuva fina começou a fecundar a terra e eu diminuí a velocidade do carro. Escureceu. Acendi o farol baixo e fiquei mais atento aos carros à minha frente. Olhava para o relógio, preocupado. Não poderia chegar atrasado ao compromisso. Não demorou para a situação se complicar: um caminhão, com uma carga imensa, estava a poucos metros de mim. Havia muito peso sobre ele. Na subida, andava a menos de 30 km/h. A carroceria pendia para a direita. O caminhão parecia estar "com a língua de fora". Não havia como ultrapassar, pois a faixa era contínua. Pensei: "Estou enrolado... Este caminhão vai me complicar. Desse jeito não vou chegar nunca a Tambaú". Mas Jesus queria falar comigo naquele momento de uma forma mais intensa. Tudo é providência! Ao me aproximar do caminhão, pude ler a frase que o caminhoneiro escrevera no para-choque: "Para quem caminha com Cristo, a carga nunca é pesada".

Que mensagem profunda! Naqueles poucos segundos, eu olhava para a carga do caminhão, lia a frase e pensava na minha vida. Ao ultrapassar, buzinei, cumprimentando o motorista por evangelizar através daquela frase, e consegui cumprir meu compromisso.

Aquele fato, tão simples, me enriqueceu naquela manhã. Ao voltar para casa, mergulhei em minha alma e me perguntei: "Como estou vivendo? Será que não me pareço com aquele caminhão? Não estou me sobrecarregando demais? Estou cuidando de minha saúde, cultivando a espiritualidade, silenciando meu coração diante de Deus?". Lembrei-me das palavras de Jesus: "Vinde a mim, vós que estais cansados, fatigados pelo peso do fardo. Eu vos aliviarei. O meu jugo é suave e meu fardo é leve. Aprendei de mim, pois sou manso e humilde de coração, e encontrareis repouso para vossas almas" (Mt 11,28-29).

A Sagrada Família fugiu para o Egito, a cruz era pesada também para eles. Como está a sua carga, a sua cruz? Pesada demais? Peça ajuda aos santos anjos. Eles são os "cireneus" nos momentos de angústia e perseguição. Como é maravilhoso saber que, enviados pelas mãos de Jesus, existem esses amigos celestes, cuidando da vida de cada um de nós! Não se esqueça: "Para quem caminha com ele, a carga nunca é pesada".

Oração

SI 90

AMIGOS INVISÍVEIS

Tu que habitas sob a proteção do Altíssimo,
Que moras à sombra do Onipotente,
Dize ao Senhor: és meu refúgio e minha cidadela,
Meu Deus, em que eu confio.

É ele quem te livrará do laço do caçador,
E da peste perniciosa.
Ele te cobrirá com suas plumas,
Sob suas asas encontrarás refúgio.
A fidelidade dele te será um escudo de proteção.

Tu não temerás os terrores noturnos,
Nem a flecha que voa à luz do dia,
Nem a peste que se propaga nas trevas,
Nem o mal que grassa ao meio-dia.

Caiam mil homens à tua esquerda e dez mil à tua direita,
Tu não serás atingido.

Porém, verás com teus próprios olhos,
Contemplarás o castigo dos pecadores,
Porque o Senhor é teu refúgio.
Escolheste, por asilo, o Altíssimo.

Nenhum mal te atingirá, nenhum flagelo chegará à tua tenda,
Porque aos seus anjos ele mandou
Que te guardem em todos os teus caminhos.
Eles te sustentarão em suas mãos,
Para que não tropeces em alguma pedra.

Sobre serpente e víbora andarás,
Calcarás aos pés o leão e o dragão.
Porque tu te uniste a mim, eu te livrarei;
E te protegerei, pois conheces o meu nome.
Quando me invocares, eu te atenderei;
Na tribulação, estarei contigo.

Hei de livrar-te e cobrir-te-ei de glória.
Serás favorecido de longos dias,
E mostrar-te-ei a minha salvação.

Os anjos, sentinelas do céu

HISTÓRIA DA BÍBLIA (Jo 1,35-51)

Logo no início do seu Evangelho, São João emociona-nos ao narrar o momento em que Jesus chama os primeiros discípulos.

André e João Evangelista, o Discípulo Amado, estavam às margens do rio Jordão, junto com João Batista, quando Jesus passou. Aquele que viera para "preparar os caminhos do Senhor", avistou Jesus que ia passando e disse: "Eis o Cordeiro de Deus". Os dois discípulos ouviram-no falar e seguiram Jesus. Voltando-se Jesus e vendo que o seguiam, perguntou-lhes: "Que procurais?". Disseram-lhe: "Rabi (que quer dizer Mestre), onde moras?". "Vinde e vede", respondeu-lhes ele. Foram aonde ele morava e ficaram com ele aquele dia.

André, irmão de Simão Pedro, era um dos dois que tinham ouvido João e que o tinham seguido. Foi ele então logo à procura de seu irmão e disse-lhe: "Achamos o Messias" (que quer dizer o Cristo). Levou-o a Jesus, e Jesus, fixando nele o olhar, disse: "Tu és Simão, filho de João; serás chamado Cefas (que quer dizer pedra)".

No dia seguinte, tinha Jesus a intenção de dirigir-se à Galileia. Encontra Filipe e diz-lhe: "Segue-me". Filipe era natural de Betsaida, cidade de André e Pedro. Filipe encontra Natanael e diz-lhe: "Achamos aquele de quem Moisés escreveu na lei e que os profetas anunciaram: é Jesus de Nazaré, filho de José". Respondeu-lhe Natanael: "Pode, porventura, vir coisa boa de Nazaré?". Filipe retrucou: "Vem e vê". Jesus vê Natanael, que lhe vem ao encontro, e diz: "Eis um verdadeiro israelita, no qual não há falsidade". Natanael pergunta-lhe: "Donde me conheces?". Respondeu Jesus: "Antes que Filipe te chamasse, eu te vi, quando estavas debaixo da figueira". Falou-lhe Natanael: "Mestre, tu és o Filho de Deus, tu és o rei de Israel". Jesus replicou-lhe: "Porque eu te disse que te vi debaixo da figueira, crês! Verás coisas maiores do que esta. Em verdade, em verdade vos digo: vereis o céu aberto e os anjos de Deus subindo e descendo sobre o Filho do Homem".

João Batista apontou o Cordeiro de Deus, Jesus, aos seus discípulos. João e André o seguiram. Ficaram com Jesus "aquele dia", um só dia que durou para sempre. Depois daquele encontro, a vida daqueles pescadores foi totalmente transformada. De admiradores de Jesus, passaram a "pescadores de homens", em nome dele. André convidou Filipe e este falou de Jesus a Natanael. Assim, um grupo foi se formando ao redor do Mestre. Os discípulos passaram a ter outra visão da vida, do mundo, das pessoas e de si mesmos. Começaram a ver coisas maiores: os anjos subindo e descendo sobre o Filho do Homem. Céu e terra, o divino e o humano se abraçaram. Não havia mais um abismo entre essas duas realidades. Quantas maravilhas aqueles pobres homens passaram a contemplar! Eles viam os mu-

dos falando, os surdos ouvindo, os cegos enxergando, os paralíticos andando, os mortos ressuscitando, os pecadores sendo acolhidos. Uma chuva de graças caía, abundantemente, na terra daqueles corações, antes feridos e machucados.

HISTÓRIA DA VIDA

Jesus chama e ordena aos seus anjos que nos acompanhem em cada instante de nossa missão. Muitos santos viveram essa experiência, como ensina Padre Pio. O santo de Pietrelcina ensinava que o bom anjo da guarda velava sempre por todos. Numa carta a uma de suas discípulas espirituais, Anitta Rodote, datada de 15 de julho de 1913, assim ele falava a respeito do anjo da guarda: "Ele nos guia no áspero caminho da vida. Sempre nos mantém na graça de Jesus. Sustenta-nos com suas mãos para que não tropecemos em nenhuma pedra. Protege-nos sob suas asas de todas as armadilhas do mundo, do demônio e da carne. Do berço ao túmulo, não nos abandona em nenhum instante, nem sequer quando nos atrevemos a pecar! E esse espírito celestial nos guia e protege como um amigo, um irmão. Esse anjo ora sem cessar por nós. Oferece a Deus todas as nossas boas ações, nossos pensamentos, nossos desejos, se são puros. Nosso companheiro invisível está sempre presente, sempre disposto a nos escutar e pronto para nos consolar".

Dizia, ainda: "Lembre-se com frequência da presença desse anjo, agradeça-lhe, ore a ele, mantenha sempre sua boa companhia. Abra-se a ele e confie seu sofrimento a ele. Tome cuidado para não ofender a pureza do seu olhar. Saiba disso e mantenha-o bem impresso em sua mente. Ele é muito delicado, muito sensível. Dirija-se a ele, em momentos de suprema angústia, e você experimentará sua ajuda benéfica. Nunca diga que você está sozinha na batalha contra os seus inimigos. Nunca diga que você não tem ninguém a quem abrir-se e em quem confiar. Isso seria um grande equívoco diante desse mensageiro celestial".

Ainda hoje, os anjos continuam subindo e descendo do céu, levando nossos pedidos a Deus e trazendo, em suas asas, o brilho da glória, as boas notícias da salvação. Contudo, como os primeiros discípulos, precisamos crer, ver com os olhos da fé. Se não tirarmos as escamas que cegam nossa visão das coisas divinas, não vislumbraremos novos horizontes, nem experimentaremos o amor que Deus tem derramado, constantemente, sobre cada um de seus filhos.

Oração

ENSINADA PELO ANJO DA PAZ
AOS PASTORZINHOS DE FÁTIMA (PORTUGAL)

Meu Deus, eu creio, adoro, espero e vos amo.
Peço-vos perdão pelos que não creem, não adoram,
Não esperam e não vos amam.

Santíssima Trindade, Pai, Filho e Espírito Santo,
Adoro-vos, profundamente,
E ofereço-vos o preciosíssimo
Corpo, Sangue, Alma e Divindade de Jesus Cristo,
Presente em todos os sacrários da terra,
Em reparação dos ultrajes, sacrilégios e indiferenças
Com que Ele mesmo é ofendido.

E, pelos méritos infinitos do seu Santíssimo Coração
E do Coração Imaculado de Maria,
Peço-vos a conversão dos pobres pecadores.

Os anjos, proclamadores da vida nova

HISTÓRIA DA BÍBLIA (Mt 28,1-10)

Depois do sábado, quando amanhecia o primeiro dia da semana, Maria Madalena e a outra Maria foram ver o túmulo de Jesus. E eis que houve um violento tremor de terra: um anjo do Senhor desceu do céu, rolou a pedra e sentou-se sobre ela. Resplandecia como relâmpago e suas vestes eram brancas como a neve. Vendo isto, os guardas pensaram que morreriam de pavor. Mas o anjo disse às mulheres: "Não temais! Sei que procurais Jesus, que foi crucificado. Não está aqui: ressuscitou, como disse. Vinde e vede o lugar em que ele repousou. Ide depressa e dizei aos discípulos que ele ressuscitou dos mortos. Ele vos precede na Galileia. Lá o haveis de rever".

Elas se afastaram prontamente do túmulo com certo receio, mas ao mesmo tempo com alegria, e correram a dar a boa-nova aos discípulos. Nesse momento, Jesus apresentou-se diante delas e disse-lhes: "Salve!". Aproximaram-se elas e, prostradas diante dele, beijaram-lhe os pés. Disse-lhes Jesus: "Não temais! Ide dizer aos meus irmãos que se dirijam à Galileia, pois é lá que eles me verão".

As mulheres foram as primeiras testemunhas da ressurreição de Jesus. De madrugada, quando ainda estava escuro, quando a escuridão da dúvida dominava o coração dos discípulos, elas se aproximaram do túmulo. Para elas e os discípulos, Jesus estava morto para sempre. O sol da esperança atingira o ocaso. O sonho de um mundo novo, sem dor, fome, sofrimento, lágrimas, transformara-se em pesadelo sem fim. Só restara a frustração, a decepção, o fracasso, a derrota. Afinal, o Senhor havia sido crucificado. Mas o anjo do Senhor estava na entrada do túmulo. Um terremoto aconteceu. O anjo tirou a pedra que fechava o lugar onde haviam colocado o corpo de Jesus e deu a maior de todas as notícias: "Não temais! Sei que procurais Jesus, que foi crucificado. Não está aqui: ressuscitou como disse". Elas então viram Jesus se aproximando. Ele realmente havia vencido a morte para sempre!

Muitas vezes também passamos por decepções, frustrações, fracassos e derrotas em nossa vida! Até nos perguntamos: "Onde está Jesus?"; "Por que isso está acontecendo comigo?"; "Por que Jesus me abandonou justo no momento em que eu mais precisava?". É a manifestação de nossa miséria e falta de fé. Não conseguimos compreender que Jesus nos ama, infinitamente, e nos amará por toda a eternidade. São nesses momentos de maior sofrimento que ele revela sua misericórdia, sua presença, carregando-nos no seu colo de Bom Pastor.

HISTÓRIA DA VIDA

A cidade de Vilhena, no estado de Rondônia, acolheu-me para um lindo evento: o *Show pela Paz*. Foram três dias de muita alegria, convivência fraterna e aprendizado com esse povo generoso e cheio de fé.

Na casa dos padres da paróquia Nossa Senhora Auxiliadora, ouvi uma história que fez meu coração bater mais forte: às margens do rio Madeira existia uma balsa que levava carros, caminhões, motos, bicicletas e pessoas para o outro lado. Um dia, a balsa quebrou. O problema se agravava e ninguém conseguia atravessar o rio. Os caminhoneiros montaram acampamento. Não havia o que fazer, a não ser esperar. Naquela região afastada morava uma família muito pobre. A mãe caiu doente com febre alta. Chamou um dos filhos e pediu-lhe que fosse à margem do rio chamar um padre, que também esperava o conserto da balsa. O menino foi correndo até o rio e perguntou aos motoristas se eles conheciam o padre que estava ali no meio deles. Todos riram. "Aqui? Somos tão somente caminhoneiros esperando para seguir viagem", disseram. A criança, desapontada, voltou correndo para casa e contou tudo para a mãe, mas ela insistiu: "Volte lá, filho. Há, sim, um homem de Deus entre eles. Pergunte, novamente, preciso da ajuda dele. Somente assim ficarei curada". Voltando ao acampamento, o menino aproximou-se dos caminhoneiros. Implorou para que "o homem de Deus" ali presente atendesse à súplica de sua mãe doente. Quando todos começaram a rir da criança, um, dentre eles, emocionado, levantou-se. Tinha cabelos brancos e o rosto sofrido pelas marcas do tempo. O velho homem falou sobre seu passado: "Eu fui padre quando era jovem. Trabalhei muitos anos numa paróquia. Um dia, desanimei de minha missão. Resolvi abandonar tudo. Vendi o que tinha e comprei este caminhão. Há dez anos vivo na boleia para lá e para cá. Vamos! Vou atender ao pedido da sua mãe". Os colegas, surpresos, acompanharam com o olhar os dois seguindo pela estrada. Pouco tempo depois, chegaram à casinha simples, de barro, escondida no meio da floresta. O sacerdote impôs as mãos sobre a cabeça da mulher. Rezou com fé. Pediu para Jesus curá-la daquela enfermidade. Depois das orações, abraçando-a, perguntou: "Quem contou para você que havia um padre à beira do rio?". Ela respondeu com convicção: "Nossa Senhora das Graças veio aqui me visitar, rodeada de anjos, e pediu para eu lhe chamar. A mãe de Jesus teve misericórdia de mim e me socorreu. Foi ela quem me avisou sobre você". Sem palavras, o padre se ajoelhou no chão de terra batida, em prantos. A mulher consolou-o: "Não chore! Não tenha medo! Você é e sempre será sacerdote. Obrigada! Através de você, Jesus realizou um grande milagre na minha vida". O padre caminhoneiro retornou ao acampamento. Naquele mesmo dia, a balsa voltou a transportar os veículos e as pessoas para a outra margem do rio. Aquela seria sua última viagem na boleia de um caminhão. Arrependido por ter deixado de exercer seu ministério sacerdotal, voltou para casa disposto a reescrever uma nova história com Jesus. Como sacerdote, seguiria peregrinando pela estrada do mundo, fiel ao seu chamado, contando com a proteção de Nossa Senhora e dos santos anjos à espera da travessia da balsa que conduz à Jerusalém celeste.

Oração

SÃO FRANCISCO DE SALES

Ó santo anjo!
Tu és meu protetor desde a hora de meu nascimento.
A ti entrego hoje meu coração.
Entrega-o a meu Salvador, pois unicamente a ele deve pertencer.
Tu és meu protetor na vida.
Sejas, também, meu consolador na hora da morte.

Fortifica minha fé.
Consolida minha esperança.
Inflama em mim o amor divino.
Obtém-me a paz.
Que o passado não me inquiete, o presente não me perturbe
E o futuro não me assuste.

Fortifica-me na agonia e na paciência.
Conserva-me sempre a paz da alma.
Alcança-me a graça
Para que minha última refeição seja o pão dos anjos,
Minhas últimas palavras sejam Jesus, Maria e José.
O meu último alento seja de amor,
e tua presença meu último consolo.
Amém.

Os anjos, promotores da paz e da unidade

HISTÓRIA DA BÍBLIA (At 10,1-48)

No Atos dos Apóstolos, São Lucas relata a presença dos anjos na vida de um pagão.

Havia, em Cesareia, um homem, por nome Cornélio, centurião da coorte que se chamava Itálica. Era religioso; ele e todos os de sua casa eram tementes a Deus. Dava muitas esmolas ao povo e orava constantemente. Este homem viu claramente numa visão, pela hora nona do dia, aproximar-se dele um anjo de Deus e o chamar: "Cornélio!". Cornélio fixou nele os olhos e, possuído de temor, perguntou: "Que há, Senhor?". O anjo replicou: "As tuas orações e as tuas esmolas subiram à presença de Deus como uma oferta de lembrança. Agora envia homens a Jope e faze vir aqui um certo Simão, que tem por sobrenome Pedro. Ele se acha hospedado em casa de Simão, um curtidor, cuja casa fica junto ao mar". Quando se retirou o anjo que lhe falara, chamou dois dos seus criados e um soldado temente ao Senhor, daqueles que estavam às suas ordens. Contou-lhes tudo e enviou-os a Jope.

No dia seguinte, enquanto estavam em viagem e se aproximavam da cidade, pelo meio-dia, Pedro subiu ao terraço da casa para fazer oração. Então, como sentisse fome, quis comer. Mas, enquanto lho preparavam, caiu em êxtase. Viu o céu aberto e descer uma coisa parecida com uma grande toalha que baixava do céu à terra, segura pelas quatro pontas. Nela havia de todos os quadrúpedes, dos répteis da terra e das aves do céu. Uma voz lhe falou: "Levanta-te, Pedro! Mata e come". Disse Pedro: "De modo algum, Senhor, porque nunca comi coisa alguma profana e impura". Esta voz lhe falou pela segunda vez: "O que Deus purificou não chames tu de impuro". Isto se repetiu três vezes e logo a toalha foi recolhida ao céu.

Desconcertado, Pedro refletia consigo mesmo sobre o que significava a visão que tivera, quando os homens, enviados por Cornélio, se apresentaram à porta, perguntando pela casa de Simão. Eles chamaram e indagaram se ali estava hospedado Simão, com o sobrenome Pedro. Enquanto Pedro refletia na visão, disse o Espírito: "Eis aí três homens que te procuram. Levanta-te! Desce e vai com eles, sem hesitar, porque sou eu quem os enviou". Pedro desceu ao encontro dos homens e disse-lhes: "Aqui me tendes, sou eu a quem buscais. Qual é o motivo por que viestes aqui?". Responderam: "O centurião Cornélio, homem justo e temente a Deus, o qual goza de excelente reputação entre todos os judeus, recebeu de um santo anjo o aviso de te mandar chamar à sua casa e de ouvir as tuas palavras". Então Pedro os mandou entrar e hospedou-os. No dia seguinte, levantou-se e partiu com eles, e alguns dos irmãos de Jope o acompanharam.

No outro dia, chegaram a Cesareia. Cornélio os estava esperando, tendo convidado os seus parentes e amigos mais íntimos. Quando Pedro estava para entrar, Cornélio saiu a recebê-lo e prostrou-se aos seus pés para adorá-lo. Pedro, porém, o ergueu, dizendo: "Levanta-te! Também eu sou um homem!". E, falando com ele, entrou e achou ali muitas pessoas que se tinham reunido e disse: "Vós sabeis que é proibido a um judeu aproximar-se de um estrangeiro ou ir à sua casa. Todavia, Deus me mostrou que nenhum homem deve ser considerado profano ou impuro. Por isso, vim sem hesitar, logo que fui chamado. Pergunto, pois, por que motivo me chamastes?". Disse Cornélio: "Faz hoje quatro dias que estava eu a orar em minha casa, à hora nona, quando se pôs diante de mim um homem com vestes resplandecentes, que disse: 'Cornélio, a tua oração foi atendida e Deus se lembrou de tuas esmolas. Envia alguém a Jope e manda vir Simão, que tem por sobrenome Pedro. Está hospedado perto do mar em casa do curtidor Simão'. Por isso mandei chamar-te logo e felicito-te por teres vindo. Agora, pois, eis-nos todos reunidos na presença de Deus para ouvir tudo o que Deus te ordenou de nos dizer".

Então Pedro tomou a palavra e disse: "Em verdade, reconheço que Deus não faz distinção de pessoas, mas em toda nação lhe é agradável aquele que o temer e fizer o que é justo. Deus enviou a sua palavra aos filhos de Israel, anunciando-lhes a boa-nova da paz, por meio de Jesus Cristo. Este é o Senhor de todos. Vós sabeis como tudo isso aconteceu na Judeia, depois de ter começado na Galileia, após o Batismo que João pregou. Vós sabeis como Deus ungiu a Jesus de Nazaré com o Espírito Santo e com o poder, como ele andou fazendo o bem e curando todos os oprimidos do demônio, porque Deus estava com ele. E nós somos testemunhas de tudo o que fez na terra dos judeus e em Jerusalém. Eles o mataram, suspendendo-o num madeiro. Mas Deus o ressuscitou ao terceiro dia e permitiu que aparecesse, não a todo o povo, mas às testemunhas que Deus havia predestinado, a nós que comemos e bebemos com ele, depois que ressuscitou. Ele nos mandou pregar ao povo e testemunhar que é ele quem foi constituí-

do por Deus juiz dos vivos e dos mortos. Dele todos os profetas dão testemunho, anunciando que todos os que nele creem recebem o perdão dos pecados por meio de seu nome".

Estando Pedro ainda a falar, o Espírito Santo desceu sobre todos os que ouviam a Palavra. Os fiéis da circuncisão, que tinham vindo com Pedro, profundamente se admiraram, vendo que o dom do Espírito Santo era derramado também sobre os pagãos; pois eles os ouviam falar em outras línguas e glorificar a Deus. Então, Pedro tomou a palavra: "Porventura, pode-se negar a água do Batismo a estes que receberam o Espírito Santo como nós?". E mandou que fossem batizados em nome de Jesus Cristo. Rogaram-lhe então que ficasse com eles por alguns dias.

Pedro anunciava o Evangelho aos judeus. Incansavelmente, testemunhava o nome de Jesus aos seus. Mas Deus Pai enviou o seu Filho para salvar a todos: judeus e pagãos. Ele não discrimina pessoas. Quer que todos cheguem ao conhecimento da

verdade e, um dia, estejam reunidos ao seu redor no banquete da vida eterna. Por isso, enviou o seu anjo a Cornélio e depois a Pedro. O mensageiro do céu fez com que judeu e pagão se encontrassem em Jope. O anjo ajudou-os a se reconhecerem filhos do mesmo Pai. Pelo poder do Espírito Santo, tornaram-se verdadeiros irmãos em Cristo, através do Batismo conferido por Pedro a Cornélio.

Hoje, somos chamados a acolher todos com amor. Não podemos nos fechar em nossa maneira de pensar e crer. Será que estamos abertos a quem pensa ou crê diferente de nós? Mantemos os braços abertos às pessoas que vêm ao nosso encontro, amando-as com o mesmo amor com que Cristo as ama? Ou achamos que somos os donos da verdade e que ninguém, além de nós, irá para o céu?

HISTÓRIA DA VIDA

Veja o que acontecia em minha paróquia. Quando o sacristão chegava para abrir a porta da igreja, Branco, um cachorrinho, estava esperando havia tempo. Deitado no chão, as orelhas caídas, observava o movimento dos carros. Não via a hora de correr para dentro da Matriz. Ouvindo o barulho dos trincos, Branco saía ligeiro, balançando o rabo, feliz. Rolava no tapete do altar com as pernas para o alto. Depois, deitava-se nas patas dianteiras, esperando a hora da missa. As pessoas iam entrando e o cachorro, fazendo a acolhida: cheirava os pés das velhinhas e brincava com as crianças. Branco era amado pela comunidade. Não tinha dono, mas todos eram seus donos. Não morava numa casa, mas recebia carinho e comida por onde passava. Tinha pelos brancos com pintas amareladas. Não tinha raça definida, mas fazia pose de que possuía *pedigree*. Além da missa, ia à frente da cruz nas procissões; latia e pulava, abrindo alas para a passagem do andor de Nossa Senhora. Até já saíra em fotos de alguns casamentos. Mas... o cachorrinho fiel sofria de um problema que afeta muitos católicos: o ciúme. Se, por um lado, era amoroso com as pessoas, não suportava a presença de outro cão na igreja. Ao avistar outro animal cruzando a porta ou caminhando pelo corredor central, dava um salto, rangia os dentes, corria atrás do in-

truso, expulsava-o para bem longe. Depois, voltava, tranquilo, calmo, aconchegando-se, novamente, no presbitério.

Branco me fazia pensar na nossa vida comunitária. Muitos católicos são como ele: dedicados, amorosos, acolhedores. São os primeiros a chegar à igreja e os últimos a sair. Vão à frente nas procissões, participam de casamentos e batizados. São o braço direito do padre, o líder da pastoral ou do movimento. Visitam os doentes, pagam o dízimo. Alegram o coração de Deus. Mas, como Branco, sentem-se donos da comunidade. Se alguém se aproxima e os ameaça, rangem os dentes, correm atrás das pessoas, expulsando-as para bem longe.

Branco sempre seria assim. Sua vida era limitada. Enquanto estivesse frequentando a igreja, manifestaria o mesmo comportamento. Ficaria deitado ao redor do altar, correria atrás de outros cães. Nós, contudo, podemos melhorar sempre, imitanto o gesto acolhedor do anjo de Deus e do apóstolo Pedro, que colocaram a caridade acima de todas as outras coisas.

Oração

LUISA PICCARRETA

Ó Deus e meu Pai,
Convido tua Divina Vontade a reinar em mim,
Tal como reinas no céu
E como reinaste em Jesus e em Maria,
Quando estavam nesta terra.
Que todos os meus pensamentos, atos e palavras
Sejam governados, incentivados e dirigidos pela tua vontade.
Desejo que tudo o que for realizado hoje por minha humanidade,
Também seja feito na eternidade.
Que meus atos de hoje se multipliquem no infinito
E alcancem todos os lugares, abraçando toda a eternidade.
Que todos os meus atos sejam adorados pelos anjos
Por estarem cheios de tua Vida Divina!
Que meus atos deste dia subam até o céu,
Inundando os anjos e os santos com novas alegrias,
Novas glórias, novas bem-aventuranças.
Para tanto, peço que todos os anjos e santos
Se unam a mim neste dia, em tudo o que eu fizer.
Que todos os meus atos alcancem efetivamente
O Reino da divina vontade, tanto na terra como no céu.
Amém.

Os anjos, libertadores dos justos

HISTÓRIA DA BÍBLIA (At 12,1-17)

Ainda em Atos dos Apóstolos, São Lucas conta-nos a libertação que o anjo do Senhor realizou na vida de São Pedro.

Naquele mesmo tempo, o rei Herodes mandou prender alguns membros da Igreja para maltratá-los. Assim foi que matou à espada Tiago, irmão de João. Vendo que isto agradava aos judeus, mandou prender Pedro. Eram então os dias dos pães sem fermento. Mandou prendê-lo e lançou-o no cárcere, entregando-o à guarda de quatro grupos, de quatro soldados cada um, com a intenção de apresentá-lo ao povo depois da Páscoa. Pedro estava assim encerrado na prisão, mas a Igreja orava sem cessar por ele a Deus. Ora, quando Herodes estava para apresentá-lo, naquela mesma noite, dormia Pedro entre dois soldados, ligado com duas cadeias. Os guardas, à porta, vigiavam o cárcere. De repente, apresentou-se um anjo do Senhor, e uma luz brilhou no recinto. Tocando no lado de Pedro, o anjo despertou-o: "Levanta-te depressa", disse ele. Caíram-lhe as correntes das mãos. O anjo ordenou: "Cinge-te e calça as tuas sandálias". Ele assim o fez. O anjo acrescentou: "Cobre-te com a tua capa e segue-me". Pedro saiu e seguiu-o, sem saber se era real o que se fazia por meio do anjo. Julgava estar sonhando. Passaram o primeiro e o segundo postos da guarda. Chegaram ao portão de ferro, que dá para a cidade, o qual se lhes abriu por si mesmo. Saíram e tomaram juntos uma rua. Em seguida, de súbito, o anjo desapareceu. Então, Pedro tornou a si e disse: "Agora vejo que o Senhor mandou verdadeiramente o seu anjo e me livrou da mão de Herodes e de tudo o que esperava o povo dos judeus".

Refletiu um momento e dirigiu-se para a casa de Maria, mãe de João, que tem por sobrenome Marcos, onde muitos se tinham reunido e faziam oração. Quando bateu à porta de entrada, uma criada, chamada Rode, adiantou-se para escutar. Mal reconheceu a voz de Pedro, de tanta alegria não abriu a porta, mas, correndo para dentro, foi anunciar que era Pedro que estava à porta. Disseram-lhe: "Estás louca!". Mas ela persistia em afirmar que era verdade. Diziam eles: "Então é o seu anjo". Pedro continuava a bater. Afinal, abriram a porta, viram-no e ficaram atônitos. Ele, acenando-lhes com a mão que se calassem, contou como o Senhor o havia livrado da prisão, e disse: "Comunicai-o a Tiago e aos irmãos". Em seguida, saiu dali e retirou-se para outro lugar.

Assim como no Antigo Testamento Deus enviou seu anjo para salvar o profeta Daniel da boca do leão, enviou-o para libertar Pedro da prisão. Eles eram inocentes. Estavam naquela situação por não se conformarem com os poderes do mundo. Sofriam, no cárcere, por serem fiéis à Palavra de Deus.

Quantas vezes somos tentados ou mesmo forçados a negar nossa fé em Jesus Cristo! Milhares de cristãos já morreram e continuam morrendo por serem membros da Igreja, do Corpo de Cristo. A Igreja Primitiva ensinava que "o sangue dos mártires era semente de novos cristãos" (Tertuliano). Apesar de tanto sofrimento, acreditavam, firmemente, que o Senhor Jesus os sustentava com sua destra, que enviava seus anjos para os libertar de tantas prisões nas quais eram colocados por dizerem "sim" ao seu projeto de amor incondicional, porque assim ele prometera: o céu e a terra passariam, mas suas palavras jamais passariam (cf. Mt 24,35).

HISTÓRIA DA VIDA

Uma senhora da comunidade falecera. A família pediu para eu fazer as orações antes do sepultamento. Após a celebração das exéquias, aproximei-me de uma pequena cozinha. Tomei um cafezinho. No mesmo instante, chegou um senhor para também tomar um café. Perguntei-lhe se era parente daquela senhora que falecera. "Não, Padre", respondeu.

"Sou muito amigo da família, principalmente do pai dela, já falecido, meu vizinho lá no sítio." Ele contou-me um fato acontecido havia mais de cinquenta anos e que sempre mantinha vivo em sua memória: "Sabe, Padre, o pai dessa senhora era um homem muito honesto, 'de palavra'. Certa vez, ele me procurou querendo comprar algumas leitoas, pois vários familiares viriam num feriado prolongado. Queria fazer um almoço de acolhida. Vendi três para ele. Disse que me pagaria dez dias depois. Naquela época, não era preciso assinar nenhuma promissória. As pessoas falavam e cumpriam. O tempo passou. Numa noite, por volta das 23h30, ouvi o barulho da porteira do sítio sendo aberta. Acendi a luz. Meu coração disparou! Naquela hora, alguém chegando em casa, era sinal de má notícia, geralmente de falecimento de uma pessoa da família. Não havia telefone na roça. Girei a tramela da porta da sala e vi meu vizinho apeando do cavalo. 'Compadre, você por aqui? Quem morreu?', perguntei. Ele respondeu: 'Ninguém. Me perdoe por ter vindo a essa hora em sua casa. Atrasei muito o serviço e não deu para eu vir lhe pagar as leitoas antes. Prometi que lhe traria o dinheiro hoje'. 'Mas, compadre, não precisava ter se preocupado. Você poderia ter vindo amanhã'. Ele tirou o chapéu de palha da cabeça e falou: 'Eu prometi que lhe pagaria hoje. Até meia-noite é hoje. Não durmo tranquilo se eu não cumprir aquilo que prometi. Palavra é palavra!'".

Se esse homem simples, honesto, mas imperfeito, foi capaz de cumprir aquilo que prometera, imagine Deus! Ele realiza o que diz. Pode, às vezes, até demorar. Talvez o que pedimos não nos chegue pela manhã, nem depois do almoço, nem quando o sol se esconde atrás da montanha, mas ele vem ao nosso encontro, trazendo as bênçãos e a libertação. Envia seus anjos mesmo que seja às 23h59.

Nesta sociedade, em que a palavra humana perdeu a força, é preciso confiar plenamente em Deus. Ele cumpre o que promete. Tudo vai passar, menos o que ele diz.

Oração

LITURGIA DAS HORAS
LAUDES – FESTA DOS SANTOS ANJOS DA GUARDA

Ó Deus, criando o mundo, poder manifestais;
Porém, ao governá-lo, o vosso amor mostrais.
Aos que hoje vos suplicam estai sempre presente:
Que a luz da nova aurora renove a nossa mente.

O mesmo anjo que um dia por guarda nos foi dado
Consiga a vida toda livrar-nos do pecado.
Em nós, ele extermine as forças do inimigo;
Que a fraude em nosso peito jamais encontre abrigo.

Mandai para bem longe a peste, a fome, a guerra:
Haja entre nós justiça, a paz brote da terra.
Salvai por vosso Filho a nós, no amor;
Ungidos sejamos pelos anjos;
por Deus trino, protegidos!

OS ANJOS, LIBERTADORES DOS JUSTOS

Os anjos, companheiros na evangelização

HISTÓRIA DA BÍBLIA (At 8,26-40)

O anúncio do Evangelho deve ser feito a todas as pessoas. Vemos isso nos Atos dos Apóstolos, quando um anjo do Senhor se dirigiu a Filipe e disse: "Levanta-te e vai para o sul, em direção do caminho que desce de Jerusalém a Gaza, a Deserta". Filipe levantou-se e partiu. Ora, um etíope, eunuco, ministro da rainha Candace, da Etiópia, e superintendente de todos os seus tesouros, tinha ido a Jerusalém para adorar. Voltava sentado em seu carro, lendo o profeta Isaías. O Espírito disse a Filipe: "Aproxima-te para bem perto deste carro". Filipe aproximou-se e ouviu que o eunuco lia o profeta Isaías, e perguntou-lhe:

"Porventura entendes o que estás lendo?". Respondeu-lhe: "Como é que posso, se não há alguém que me explique?". E rogou a Filipe que subisse e se sentasse junto dele.

A passagem da Escritura, que ia lendo, era esta: "Como ovelha, foi levado ao matadouro; e como cordeiro mudo diante do que o tosquia, ele não abriu a sua boca. Na sua humilhação foi consumado o seu julgamento. Quem poderá contar a sua descendência? Pois a sua vida foi tirada da terra" (Is 57,3ss). O eunuco disse a Filipe: "Rogo-te que me digas de quem disse isto o profeta: de si mesmo ou de outrem?". Começou, então, Filipe a falar, e, principiando por essa passagem da Escritura, anunciou-lhe Jesus. Continuando o caminho, encontraram água. Disse, então, o eunuco: "Eis aí a água. Que impede que eu seja batizado?". Filipe respondeu: "Se crês de todo o coração, podes sê-lo". "Eu creio", disse ele, "que Jesus Cristo é o Filho de Deus". E mandou parar o carro. Ambos desceram à água e Filipe batizou o eunuco. Mal saíram da água, o Espírito do Senhor arrebatou Filipe dos olhares do eunuco, que, cheio de alegria, continuou o seu caminho. Filipe, entretanto, foi transportado a Azoto. Passando além, pregava o Evangelho em todas as cidades, até que chegou a Cesareia.

A Palavra de Deus diz que um anjo do Senhor se aproximou de Filipe e tocou o seu coração para ir ao encontro do homem etíope. Filipe atendeu ao pedido do mensageiro celeste e evangelizou aquele pagão que, depois do Batismo, tornou-se membro do povo de Deus.

O Papa Francisco, na Exortação Apostólica *Evangelii Gaudium*, insiste para que os cristãos sejam uma Igreja em saída: "Na Palavra de Deus, aparece, constantemente, este dinamismo de 'saída', que Deus quer provocar nos crentes. Abraão aceitou a chamada para partir rumo a uma nova terra (cf. Gn 12,1-3). Moisés ouviu o chamado de Deus: 'Vai! Eu te envio' (Ex 3,10), e fez sair o povo para a Terra Prometida (cf. Ex 3,17). A Jeremias disse: 'Irás aonde eu te enviar' (Jr 1,7). Naquele 'ide' de Jesus, estão presentes os cenários e os desafios sempre novos da missão evangelizadora da Igreja, e hoje todos são chamados a esta nova 'saída' missionária. Cada cristão e cada comunidade há de discernir qual é o caminho que o Senhor lhe pede, mas todos somos convidados a aceitar esta chamada: sair da própria comodidade e ter a coragem de alcançar todas as periferias que precisam da luz do Evangelho. A alegria do Evangelho, que enche a vida da comunidade dos discípulos, é uma alegria missionária. Experimentam-na os setenta e dois discípulos, que voltam da missão cheios de alegria (cf. Lc 10,17). Vive-a Jesus, que exulta de alegria no Espírito Santo e louva o Pai, porque a sua revelação chega aos pobres e aos pequeninos (cf. Lc 10,21). Sentem-na, cheios de admiração, os primeiros que se convertem no Pentecostes, ao ouvir 'cada um na sua própria língua' (At 2,6) a pregação dos Apóstolos. Esta alegria é um sinal de que o Evangelho foi anunciado e está frutificando. Mas contém sempre a dinâmica do êxodo e do dom, de sair de si mesmo, de caminhar e de semear sempre de novo, sempre mais além. O Senhor diz: 'Vamos para outra parte, para as aldeias vizinhas, a fim de pregar aí, pois foi para isso que eu vim' (Mc 1,38). Ele, depois de lançar a semente num lugar, não se demora lá a explicar melhor ou a cumprir novos sinais, mas o Espírito leva-o a partir para outras aldeias. A Igreja deve aceitar esta liberdade incontrolável da Palavra, que é eficaz, a seu modo, e sob formas tão variadas que muitas vezes escapam, superando as previsões e quebrando os esquemas. A alegria do Evangelho é para todo o povo, não se pode excluir ninguém" (EG, nn. 21-23).

Também, como os santos anjos, recebemos o chamado para sermos mensageiros do Reino de Paz e Justiça, anunciado por Jesus, àqueles que ainda não o conhecem. Devemos ter sede de Deus, como Filipe, que se deixou guiar pelos amigos invisíveis. Muitas pessoas pensam e dizem: "Não sou capaz"; "Não tenho o dom da oratória"; "Sou muito pecador para anunciar o Evangelho". Todos somos imperfeitos! Apesar disso, Deus nos quer como seus arautos. Se estivermos abertos à ação do Espírito Santo e buscarmos uma formação permanente, seremos bons semeadores da Palavra na vida daqueles que sofrem, choram, estão à margem, na aflição e no abandono, tendo sempre ao nosso lado o anjo que Deus nos confiou, quando fomos concebidos no ventre de nossa mãe.

HISTÓRIA DA VIDA

Para você, que se acha tão indigno de sair de si mesmo, para servir os irmãos, conto uma pequena história que um dia ouvi, em uma de minhas missões pelo Brasil: "Um carregador de água levava dois potes grandes, ambos pendurados em cada ponta de uma vara, que carregava atravessada em seu pescoço. Um dos potes tinha uma rachadura, enquanto o outro era perfeito e sempre voltava cheio de água, no fim da longa jornada, entre o poço e a casa da fazenda. O pote rachado chegava apenas pela metade. Foi assim por dois anos. Diariamente, o carregador entregava um pote e meio de água na casa do senhor. Claro, o pote perfeito estava orgulhoso de suas realizações, porém o pote rachado vivia envergonhado de sua imperfeição; sentia-se miserável por ser capaz de realizar apenas a metade do que lhe havia sido designado a fazer. O pote rachado, após perceber que falhava tanto, falou ao carregador à beira do poço: 'Estou muito triste, quero lhe pedir desculpas'. 'Por quê?', perguntou o carregador. O pote disse: 'Nestes dois anos, fui capaz de entregar apenas metade da minha capacidade, por causa desta rachadura que deixa a água cair por todo o caminho. Eu lhe peço perdão por lhe dar tanto trabalho'. O homem também ficou triste pela situação do velho pote, mas, sentindo compaixão, falou: 'Quando retornarmos para a casa do meu senhor, quero que você observe quantas flores brotaram ao longo do caminho'. À medida que subiam à montanha, o velho pote rachado notou flores selvagens pela estrada e isto lhe deu ânimo, mas, ao fim da jornada, ainda se sentia mal, porque tinha derramado metade da água. Então, o homem disse ao pote: 'Você viu que, pelo caminho, só existem flores do lado que carrego você nos ombros? Percebeu ainda que, todos os dias, quando voltamos do poço, você as rega? Graças à sua imperfeição, nestes dois anos, eu pude colher flores para ornamentar a mesa do meu senhor. Eu poderia ter consertado você, mas, se fizesse isso, não colheria flores lindas e perfumadas'".

Que os santos anjos nos inspirem a vivermos em constante saída, abertos aos desafios que a vida nos trouxer, com o desejo ardente de proclamar as boas notícias da salvação, apesar de nossas imperfeições.